VIVER, A QUE SE DESTINA?

PAPIRUS ❖ DEBATES

A coleção Papirus Debates foi criada em 2003 com o objetivo de trazer a você, leitor, os temas que pautam as discussões de nosso tempo, tanto na esfera individual como na coletiva. Por meio de diálogos propostos, registrados e depois convertidos em texto por nossa equipe, os livros desta coleção apresentam o ponto de vista e as reflexões dos principais pensadores da atualidade no Brasil, em leitura agradável e provocadora.

MARIO SERGIO CORTELLA
LEANDRO KARNAL

VIVER, A QUE SE DESTINA?

PAPIRUS 7 MARES

Capa	Fernando Cornacchia
Fotos de capa	J.R. Duran
Transcrição	Nestor Tsu
Coordenação e edição	Ana Carolina Freitas
Diagramação	DPG Editora
Revisão	Isabel Petronilha Costa

Dados Internacionais de Catalogação na Publicação (CIP)
(Câmara Brasileira do Livro, SP, Brasil)

Cortella, Mario Sergio
   Viver, a que se destina?/Mario Sergio Cortella, Leandro Karnal. – Campinas, SP: Papirus 7 Mares, 2020. – (Coleção Papirus Debates)

ISBN 978-85-9555-031-5

1. Destino 2. Filosofia 3. Livre-arbítrio 4. Vida (Filosofia) I. Karnal, Leandro. II. Título. III. Série.

20-33817   CDD-128

Índice para catálogo sistemático:
1. Sentido da vida: Filosofia   128

Cibele Maria Dias – Bibliotecária – CRB-8/9427

1ª Edição – 2020
8ª Reimpressão – 2024

Exceto no caso de citações, a grafia deste livro está atualizada segundo o Acordo Ortográfico da Língua Portuguesa adotado no Brasil a partir de 2009.

Proibida a reprodução total ou parcial da obra de acordo com a lei 9.610/98.
Editora afiliada à Associação Brasileira dos Direitos Reprográficos (ABDR).

DIREITOS RESERVADOS PARA A LÍNGUA PORTUGUESA:
© M.R. Cornacchia Editora Ltda. – Papirus 7 Mares
R. Barata Ribeiro, 79, sala 316 – CEP 13023-030 – Vila Itapura
Fone: (19) 3790-1300 – Campinas – São Paulo – Brasil
E-mail: editora@papirus.com.br – www.papirus.com.br

SUMÁRIO

"Eu não pedi para nascer" 7

Livres até que ponto? 17

Por que algumas pessoas se matam? 25

O que nos trouxe até aqui? 35

Dom, vocação ou esforço? 43

Nada é possível; tudo é possível 55

Menos inspiração, mais transpiração:
Há destino? 65

Somos quem escolhemos ser 77

"Eu, por mim" 89

Glossário 101

N.B. As palavras em **negrito** integram um **glossário** ao final do livro, com dados complementares sobre as pessoas citadas.

"Eu não pedi para nascer"

Mario Sergio Cortella – Não sei se você passou por isso na infância, mas toda vez que eu tinha alguma encrenca com meus pais, ou que eles me advertiam, ou me repreendiam ou castigavam até, dizia: "Eu não pedi para nascer". E minha mãe e meu pai, de uma forma irritante, respondiam: "Nem a gente". Meu avô provavelmente falava a mesma coisa. Dá quase para ouvir uma volta histórica no tempo em direção ao passado: "Nem eu, nem eu, nem eu"... Sem querer chegar ao primeiro motor de **Aristóteles**, uma coisa curiosa é que a expressão "não pedi para nascer" como justificativa para, estando aqui, não ser responsável por aquilo que se faz – isto é, tudo o que acontece conosco não teria a ver com uma opção nossa, com uma escolha nossa – talvez não seja a primeira crise existencial de uma criança, mas é um ponto de partida para pensarmos a que, de fato, se destina existir se não pedimos para nascer e cá estamos. Você dizia "eu não pedi para nascer", Karnal?

Leandro Karnal – Eu acho que não tinha espaço para uma crise com meus pais. Elas terminavam antes de chegar a um debate dessa ordem ontológica. [*Risos*] Mas há uma questão importante no que você diz. Porque não pedir para nascer significando "eu não tenho compromisso" com esse estado de coisas já é algo historicamente determinado por um sujeito autônomo cuja vontade justifica tudo. Já é uma posição histórica, então. Eu não creio que um homem medieval dissesse: "Eu não pedi para nascer". Por outro lado, justificar a existência a partir de um pedido ou uma vontade é afirmar que o desejo é soberano sobre o universo. Isso implica, no mínimo, um indivíduo bem constituído e capaz de dizer algo do porte: "A vida vale a pena se eu desejei".

Cortella – Você acha que o Iluminismo trouxe isso?

Karnal – Ainda que **Rousseau** não seja um perfeito exemplo de Iluminismo, acho que a razão, a ideia rousseauniana do homem perfectível, mostra que nós gostamos de errar. Por exemplo, alguém pergunta: "Você vai fazer o curso de dança?". "É o que eu quero." Se "eu quero", esse item volitivo determina tudo. "Eu vou ser feliz." Ou seja, nós, no Ocidente, a partir do Iluminismo, em particular, e do Romantismo, gostamos de errar por escolha nossa. Se, por exemplo, meu casamento fracassou, fui eu o autor da escolha do casamento. A vida predeterminada de outrora – casamentos e profissões arranjados – poderia diminuir o impacto das escolhas e, por conseguinte, das vontades. Introduzimos maior autonomia nas escolhas e, assim, mais perguntas sobre sentido e liberdade.

Cortella – Acho que temos uma oscilação dentro disso. É claro que, criança, quando falava "eu não pedi para nascer", não tinha a perspectiva do que vou dizer agora.

Karnal – Já tinha. Você era uma criança preclara, iluminada, precoce...

Cortella – Quem dera! E aí, o gostoso foi, mais tarde, ao estudar Filosofia e outras coisas no campo da História, descobrir nessa trajetória que há uma grande distinção entre o que os antigos chamavam de tragédia e aquilo que mais tarde viria a ser o dramático. Acho que essas duas cosmovisões – a vida como tragédia e a vida como drama – lidam um pouco com isso. Por exemplo, a concepção judaico-cristã da vida é uma concepção dramática. Isto é, nela, a escolha é possível. Quando você fala em relação à possibilidade de dizer que "o meu casamento é assim ou que vou fazer o curso de dança porque assim o quero", essa é, em grande medida, a narrativa do Gênesis: "Fez por quê? Fez porque quis". A começar da divindade que, na narrativa, diz: "E viu que era bom". Por que fez? Porque quis fazer. A criação do nada, *ex nihilo*, vem justamente dessa percepção. Eu tenho sempre uma dificuldade em lidar com o modo como entrecruzamos a visão trágica da vida – isto é, a vida como destino, fatalidade, uma escolha feita fora de nós – e a vida como drama em que somos atores. Acho que essa ideia que mescla um pouco do determinismo com o livre-arbítrio é uma herança que não sei se você entende que é da Reforma, do protestantismo, ou se **Agostinho** foi mais importante nisso lá atrás.

Karnal – Agostinho é importante tanto para reformados quanto para católicos. Cada um lê o Agostinho "correto". Mas há uma questão importante que você traz: os gregos inventaram a noção de livre-arbítrio e, ao mesmo tempo, inventaram na tragédia um Édipo que tenta, o tempo todo, evitar o oráculo e não consegue. A profecia é clara: Édipo vai matar o pai e se casar com a mãe. Ele passa toda a tragédia tentando evitar isso. E até na busca do bem, querendo saber quem foi o regicida e resolver um crime, Édipo acaba, com essa resolução, se destruindo.* Portanto, o grego que traz o livre-arbítrio traz também a noção, como você lembra, de tragédia, de determinação através do oráculo, das moiras,

---

* Ignorando que o rei era, na verdade, Laio, seu pai biológico, Édipo o mata. Mais tarde, assume o trono de Tebas e se casa com Jocasta, sem saber que ela era sua mãe. A cidade, então, é assolada por uma peste que só teria fim se o assassino de Laio fosse encontrado. Édipo sai em busca de respostas e acaba descobrindo que o culpado era ele mesmo. Com isso, Jocasta se suicida e Édipo se pune furando os próprios olhos. (N.E.)

do destino. Mas os religiosos variam, como você sabe bem. Para os espíritas de linha kardecista, ao encarnar, escolhemos a melhor situação para o nosso espírito. Então, eu, Leandro, encarnei como Leandro porque ser professor era o que mais me daria capacidade de crescer. Em condições normais, eu fiz uma escolha por esta encarnação. Para os espíritas, eu pedi para nascer nesta situação. Para os católicos, Deus estabeleceu um plano, dentro do qual existe livre-arbítrio. Podemos atuar nesse plano, que é também o melhor para nós, mas não de acordo com a decisão do nosso espírito. Alguns ramos do protestantismo são mais deterministas ou fatalistas e diminuem o papel da escolha individual. Sempre tivemos dificuldade em harmonizar a onisciência divina e a liberdade humana. Afinal, o que eu posso escolher se Deus tudo soube bem antes?

Cortella – Quando você diz que podemos atuar, aquilo que é uma concepção protagonista da própria existência dá, na minha percepção, nesse ponto de partida – quer dizer, daquilo que é o próprio cerne mesmo da noção de protagonismo –, a noção de agonia. Acho que, quando trabalhamos a noção de agonia como sendo originalmente a ideia de luta, a percepção, às vezes, é de que passamos a existência agonizando – aí fazendo uma dupla percepção da palavra, isto é, lutando para na vida estar, para dela não sair, mas, por outro lado, enredados também por uma série de variáveis sobre as quais não temos controle. E que isso produziria, de certa forma, desespero. Ou, de outra maneira, a tragédia como você lembrou. Talvez se Édipo tivesse sido alertado de que não haveria alternativa, ou se ele acreditasse nisso, ficasse mais sereno. Em grande medida, a perturbação de Édipo naquilo que você coloca é, exatamente, a incapacidade de poder fazer a autoria daquilo que ele desejava. Ele não fez a escolha. Como é essa ideia do livre-arbítrio que você trabalha para os gregos?

Karnal – É muito difícil porque Édipo traz no corpo – de onde vem o nome dele, do pé furado e inchado, o *Edipus* –* a marca da tentativa de assassinato. E essa cicatriz da criança é como uma cicatriz da alma de Édipo – ainda que alma seja um conceito complicado. Édipo tenta, mas se ele soubesse que os oráculos são inevitáveis, cairia em um marasmo absoluto, porque toda ação, no *Édipo*, na *Medeia*,** ou até no *Prometeu acorrentado*,*** decorre de uma escolha de que podemos agir. Todo o moderno conceito de empreendedorismo, toda a noção liberal contemporânea de que o indivíduo constrói sua realidade a partir do seu esforço, enfim toda a base da discussão de meritocracia está na crença racional iluminista de que o

---

* Ainda bebê, Édipo é abandonado com os pés pregados pelo pai, numa tentativa de evitar que a profecia do oráculo se cumprisse. Édipo, porém, é salvo por um pastor, que lhe dá esse nome por conta dos furos em seus pés. (N.E.)

** Tragédia grega que conta a história de uma mulher, Medeia, que é abandonada pelo marido, Jasão. Como vingança, ela mata os próprios filhos e a noiva de Jasão. (N.E.)

*** Narrada por Ésquilo, a tragédia conta a história de Prometeu que, após roubar o fogo dos deuses para dar aos seres humanos, é acorrentado no alto de um rochedo, com uma águia a lhe devorar o fígado. (N.E.)

indivíduo será capaz de mudar seu destino assim que deixar de ser preguiçoso ou tomar consciência. Essa é uma questão importante, então, porque vamos discutir aí política de cotas. Vamos discutir políticas de meritocracia a partir de uma concepção filosófica. Afinal, você, Cortella, é livre ou não? Centenas se formaram em Filosofia com você ou na sua época. Só você se tornou uma referência no campo da Filosofia brasileira. É por que você é mais capaz? Por que você nasceu para isso? Por que Deus o chamou? Por que Nossa Senhora do Carmo o confirmou nessa função? Por que o Espírito Santo desceu sobre você? Ou por que você consumiu horas e horas nessa agonia, que também tem raiz desportiva? Afinal, onde os romanos tinham um ginásio para a prática de esportes, como têm até hoje na Piazza Navona, onde fica a Embaixada do Brasil, está **santa Inês** em *agone*, em agonia, em suor.

Todo o moderno conceito de empreendedorismo, toda a noção liberal contemporânea de que o indivíduo constrói sua realidade a partir do seu esforço, enfim toda a base da discussão de meritocracia está na crença racional iluminista de que o indivíduo será capaz de mudar seu destino assim que deixar de ser preguiçoso ou tomar consciência.

Cortella – Essa é a ideia do *no pain, no gain*, isto é, do esforço que é meritório, daquilo que, ao final do processo, nos dará o louro porque suamos, sangramos, derramamos lágrimas.

É a percepção de que há necessidade de um merecimento. E esse merecimento, em grande medida, viria pelo sofrimento, pela ideia daquilo que é o desgaste, pela luta contínua, portanto, pela própria agonia. Eu acho que marca muito mais a nossa rejeição a ideia de que não somos livres. Podemos até não o ser, mas não queremos não o ser. Quando você descreve parte da minha trajetória, a sua entra na mesma rota. Milhares fizeram os cursos que você fez, no entanto, o local onde está é um local que é seu por merecimento. "Mereço estar aqui, porque eu fiz", poderíamos dizer. Mas não fizemos sozinhos. Não foi uma única variável que nos trouxe até aqui. Alguma delas ausente talvez não nos trouxesse a esse lugar. No entanto, quem é que dispôs essas variáveis no nosso circuito? No circuito de cada pessoa? Será a compreensão de que há um acaso? Mas aí, ressuscitando **Jacques Monod**, um acaso ou uma necessidade nesse movimento? Isto é, há uma trama, um drama, um trauma que vai se construindo por trás disso e que leva a esse lugar? Ou, olhando de um ponto de partida biológico extremamente isolacionista e solitário, dentre os bilhões de espermatozoides que correram, você foi um deles que chegou e eu também. E os outros que ficaram eram possibilidades que talvez fossem melhores do que nós. Talvez fossem pessoas mais dedicadas, mais generosas... Quer dizer, essa determinação do onde se chega tem a ver com o que acontece pelo meio, sem dúvida, de onde se partiu, mas ainda não tenho toda essa clareza.

Karnal – Acho que, como pensa **Sócrates** – ou botaram na boca dele – a pergunta é mais importante do que a resposta. Fazer a pergunta correta é a alma da Filosofia, muito mais do que a resposta. Quando perguntamos: "Viver, a que se destina?", tema deste nosso livro, isso já pressupõe a possibilidade de haver um destino, um *telós*, um ponto que marque uma teleologia, uma passagem daqui para ali. Essa pergunta já mostra uma posição de que talvez tenha que existir um destino, de que talvez seja mais desafiador supor que não há destino algum, sentido algum. Que, se nos esforçarmos ou não, se fizermos ou não, a diferença será mínima, o que é uma posição um pouco mais niilista,[*] um pouco mais afastada de destino final como querem os budistas na sua maioria. Ou seja, e se eu me imaginasse como um acidente, como foi, de uma corrida de espermatozoides e de um óvulo que aquele mês foi liberado do ovário? Porque, se eu tivesse ocorrido no mês anterior, se tivessem descido dois óvulos, seria uma outra história. E tudo isso fruto de um acaso. Acaso em que, muitas vezes, inclusive, a chance da morte me rondou, seja por acidente ou por doença, e eu sobrevivi. Sobrevivi a essa corrida uterina, sobrevivi à infância e a uma série de decisões que foram sendo tomadas, às vezes com minha interferência direta, às vezes sendo uma folha carregada ao vento. Uma

---

[*] Corrente filosófica segundo a qual não haveria sentido na existência humana, já que nada existiria de absoluto. (N.E.)

noção sartriana de entretecer ou fazer um crochê delicado entre o que tentamos e o nada, o vazio, o absurdo – a nossa tentativa muito cristã e muito iluminista de dar sentido, de dar direção, de achar propósito. Temos angústia extrema com a falta de sentido e tecemos elaboradas propostas para criar um. Religiões são poderosas – especialmente as monoteístas – na construção de sentido para tudo. Pouca gente convive bem com a ideia de uma existência sem determinação, inteiramente livre e absolutamente sem sentido. Muitos demandam uma onisciência superior que, de forma justa e inteligente, determine tudo ou quase tudo.

Livres até que ponto?

Karnal – Um dos papéis validadores da nossa cultura você identificou muito bem, Cortella: todo mérito é válido se eu me esforcei para ele. Ora, **Mozart** se esforçou para ter sua capacidade musical ou nasceu com ela e seu pai, Leopold, a criou? Se **Einstein** tivesse nascido em outra cultura que não a judaico-alemã, em outra época, seria o quê? Um comerciante de tecidos, um ator, e não Albert Einstein? Qual é, então, o papel dos condicionamentos e da liberdade? Sofrimento garante direitos – esse é um fundo cristão da nossa cultura. Ou seja, se perdi peso, por exemplo, anuncio: é porque não comi doces durante tantos anos. E esfrego isso na cara de quem tem prazer nos doces. Faz parte da nossa tradição supor que o sacrifício confere merecimento: "Fulano é rico, porém trabalhou muito"; "ela manteve o casamento, porém só Deus sabe o quanto fez de renúncia para atingir suas bodas de ouro". A dor é celebrada como sentido.

Cortella – Eu fui fumante durante 30 anos. E uma coisa divertida é que o ex-fumante tem mais raiva do fumante do que o não fumante, aquele que nunca o foi. Porque aquele que nunca o foi entende o fumante como sendo um doente. E o ex-fumante olha o atual fumante como sendo alguém moralmente fracassado, isto é, um fraco: "Eu consegui e você não conseguiu". A ideia de um mérito que vem nessa direção marca um pouco isso que você colocou. Isto é, quais são os nossos territórios de manobra dentro dos condicionamentos? O meu livre-arbítrio é livre onde, de que modo, em que condições? Mas agora eu queria dar um outro passo.

Eu moro na cidade de São Paulo numa região onde há uma comunidade judaica extremamente concentrada. Até há alguns anos, boa parte daqueles com quem eu conversava, encontrava no prédio ou nas ruas eram pessoas que sobreviveram aos campos de concentração durante o horror nazista. Hoje, é claro, pelo tempo passado, são poucos ali os sobreviventes. Mas, quando eu me mudei para São Paulo, vindo de Londrina, esse bairro foi o primeiro lugar em que morei. Depois morei em outros lugares e agora estou lá outra vez. Ficava eu, na época, sentado na praça Buenos Aires – agora é parque Buenos Aires – e sempre parava uma pessoa mais idosa para conversar. Vez ou outra, a pessoa acabava "desabafando", tirando o abafo, o sufoco de dentro dela, para falar de si. E o que eu mais ouvia eram pessoas que, tendo sobrevivido ao campo de concentração e ao genocídio, perguntavam: "Por quê? Por que eu sobrevivi?". Isto é, "por que, dentre milhares e milhares que estavam para ser executados, fiquei eu?". Já li outros relatos semelhantes, mas eu tenho isso como uma experiência pessoal. E eu, na época com 15 ou 16 anos, ficava imaginando que a pessoa com essa angústia tinha uma agonia dentro dela em relação a isto que era: "Será que eu mereço continuar? Eu fui escolhido para sobreviver?". Porque, se supusermos que fomos escolhidos para sobreviver a um desastre, a um terremoto, ao desabamento de uma barragem, vamos ter que arrumar uma tarefa que dê validade a esse privilégio. Mas tenho uma outra questão também: quem faleceu foi escolhido para falecer? Ou seja, o movimento desse entretecimento de que você lembrava é complexo porque é uma trama que parece contraditória.

Karnal – Porque, na verdade, há questões a decidir sobre este propósito "viver, existir, a que se destina?". Uma delas é lidar com a dor, lidar com o elemento doloroso da existência, este vale de lágrimas.* Essa me parece ser a questão mais fácil. Porque na sua reflexão sobre seus colegas fumantes, sobre os ex-fumantes e meu caso, que nunca fumei, você fala da fraqueza daquele que não abandonou o cigarro. Mas, psicanaliticamente, o que incomoda a ele não é a fraqueza; é o prazer que o fumante continua sentindo. Prazer que o ex-fumante se negou, prazer que ele teve que sacrificar. **João Ubaldo Ribeiro**, depois de abandonar o cigarro, não conseguia mais escrever e recomendava para seu epitáfio: "Aqui jaz João Ubaldo, que abandonou tudo para poder parar de fumar". Ao conseguir não fumar, há uma vitória de força de vontade, mas,

---

* Referência à salve-rainha, oração católica que diz: "A vós suspiramos, gemendo e chorando neste vale de lágrimas". (N.E.)

eu insisto sempre nisso, toda escolha implica perda. Você abriu mão de um grande prazer. É a raiva da pessoa fiel diante do infiel. Ou seja, não é porque seja virtuosa, é porque o outro tem prazeres que ela julga não ter. A renúncia virtuosa pode vir acompanhada de arrogância moral. Continuamos com dificuldade com o prazer em si. O que eu chamo de liberdade ou de força de vontade pode ser, em última instância, só a felicidade de ser superior aos outros. Assim, viver se destina a tentar sobrepujar outras pessoas em realizações e virtudes. Hoje em dia, talvez, seja publicar a felicidade em redes sociais. Alguém fumando é um desafio poderoso: sabendo que causa mal, permanece no hábito, logo o prazer deve ser enorme; como eu não tenho tal prazer, ostento minha moral imaculada, que oculta, na verdade, minha vontade de fazer o mesmo.

Cortella – Mas o número de vezes que o fumante tem prazer com o uso do tabaco é muito limitado. Se eu fumasse um maço por dia, que são vinte cigarros – e no meu caso era mais –, eu teria prazer em dois ou três deles.

Karnal – O resto é o vício e sua dor.

Cortella – O resto é dependência. O viciado não tem prazer; tem dependência. Por exemplo, não sou alcoolista. Tenho prazer quando bebo. Uma pessoa que seja alcoolista não tem prazer; tem dependência. Ela não pode não beber. Por que estou falando isso? Em relação ao cigarro, tenho uma justificativa. Eu não desconsidero que a percepção de um ex-fumante de que o atual fumante é um fraco seja porque, talvez, haja uma inveja daqueles momentos que quem fuma tem. Isso é verdade. Quando você levanta essa hipótese, acho que existe sim, mais do que uma percepção de que o outro seja fraco, alguma raiva, mesmo que seja pouco aquilo que o fumante consegue e que eu não consigo mais. Mas mostrar a minha vitória sobre algo que é viciante é mostrar que sou um forte. E que, portanto, para usar uma expressão antiga de que nós dois gostamos, não sou pusilânime. Não sou rastejante, pequeno. Eu "venci". Isso vale no nosso tempo em relação, por exemplo, à questão do corpo, com as dietas. Você tem escrito e falado muito sobre isso, sobre o quanto as pessoas se iludem com a noção de que carregam no corpo um pouco da morada da felicidade em relação à estética desejada. E eu queria retomar exatamente esse ponto. Quer dizer, há uma série de condicionantes. Qual é, então, a nossa margem de liberdade? Eu sou livre porque estou num tempo em que não ser desse modo não é aceitável? Mas estar nesse tempo em que estou não foi uma escolha minha. E se não foi uma escolha minha, o que é minha escolha? Eu caminho em quais trilhas? Quais estou decidindo?

> **Eu sou livre porque estou num tempo em que não ser desse modo não é aceitável? Mas estar nesse tempo em que estou não foi uma escolha minha. E se não foi uma escolha minha, o que é minha escolha?**

Karnal – Acho que essa é a pergunta central de todo o trajeto da Filosofia que envolve liberdade, determinismo, possibilismo, a ideia de destino e assim por diante. Divergem, como você sabe melhor do que eu, tanto filósofos quanto teólogos, entre mais deterministas e mais possibilistas. Mas eu dizia antes que lidar com a dor é mais fácil do que lidar com a felicidade. Porque a dor nos desobriga. Se nascemos particularmente dotados de dores, sejam físicas ou psíquicas, estamos desobrigados. E a lei acompanha isso, inclusive, abalos psíquicos profundos nos tornam inimputáveis. Quanto mais tragédia temos, mais somos livres. Agora, e se ganhamos tudo para dar certo? E se ganhamos todas as condições? Se a felicidade ocorreu é por que motivo? Como lidar com a felicidade tendo que dar essa resposta? Que é a resposta que, curiosamente, a comédia não dá, mas a tragédia, sim. Porque a *hýbris*, o desequilíbrio é destino, mas é uma escolha. Medeia poderia não ter se vingado. Juno poderia não ter perseguido Io na peça *Prometeu acorrentado*.* Os persas poderiam não ter ido à guerra. Portanto, tudo isso é como lidar com esse grau de liberdade. De novo, é um debate contemporâneo. Liberdade absoluta: "Agora serei magro, agora aprenderei inglês, agora economizarei, agora serei uma pessoa dada a bons hábitos" – há quem consiga isso? Há. Escolhe, então, ser livre quem já é

---

* Io é uma jovem por quem o deus Júpiter se apaixona. Por ciúmes, Juno, esposa de Júpiter, a obriga a fugir pelo mundo, com um inseto a lhe perseguir. (N.E.)

livre ou escolhe ser livre qualquer pessoa? Ou, quem já é livre de verdade? Você, Cortella, abandonou o cigarro, tomado aqui como exemplo de uma dependência física e uma dependência psíquica. Você abandonou o cigarro porque tem mais força de vontade ou porque, por acidente, você é o Cortella? E o que explica o abandono do cigarro explica também sua dedicação aos livros?

Cortella – A própria noção de força de vontade, que é onde se argumenta. Mas, quando retomamos um pouco da mitologia ou das tragédias gregas, essa ideia tinha os seus limites. Édipo foi extremamente dedicado. Assim como quando **Shakespeare** capturou parte daquilo que eram as histórias italianas e fez *Romeu e Julieta*. Olhe o que eles tramaram, o menino e a menina, para que o plano deles desse certo!

Karnal – Romeu diz que ele é um joguete do destino.

Cortella – Exatamente. O frade entra no circuito e aquilo não tem alternativa.* Isto é, o mau final será o final possível. Quando eu estudava História, tinha um professor que dizia uma frase que você, sem dúvida, conhece bem: "*Se*, em História, não é ciência; é poesia". *Se* **Napoleão** fosse mais alto,

---

* Na história, Julieta pede ajuda a um frade para escapar de um casamento arranjado e ficar com Romeu. O frade lhe oferece uma bebida, que faz parecer que Julieta está morta, e envia uma carta a Romeu avisando do plano. Romeu, porém, não recebe a mensagem e se mata. (N.E.)

se o nariz de **Cleópatra** fosse menor, *se* os persas não tivessem tentado um combate com os gregos, *se* eu não tivesse nascido em 1954 e sim em 1934, *se*, *se*, *se*... Essa ideia do *se* em relação à análise serve como iluminador parcial das coisas. Porque não depende de nós. Por isso, gostei demais quando você levantou: "Será que quem exerce a liberdade o faz?". Exatamente porque já o é. E quem deseja sê-lo não consegue porque tem aquilo no campo do desejo e não no da prática. Ainda assim, a sombra da tragédia paira porque é absolutamente difícil de lidar com a ideia de que alguém esteja no lugar na hora de um desastre, na hora de um evento. E aquilo não tem a ver com uma escolha nossa, não é?

Por que algumas pessoas se matam?

Cortella – Não sei se você se lembra, há alguns anos, uma pessoa passava pela avenida Paulista, quase na esquina com a Haddock Lobo, onde tinha uma obra em construção, aliás, de uma escola jesuítica.* Um guindaste desabou lá do alto e caiu sobre a pessoa que estava passando, a matando. E eu me lembro de que estava participando de um programa de rádio na época e o apresentador me perguntou: "Cada um tem a sua hora? Aquela era a hora da pessoa? Qual é a justificativa que você dá?". Meu pai, que já faleceu faz bastante tempo, brincava com uma coisa ótima, que é assim: imagine o estádio do Pacaembu lotado, 60 mil pessoas, a pomba vem e faz cocô na sua cabeça. Se lançarmos mão da Filosofia, diremos que havia ali uma "simultaneidade de presenças": você, a pomba, o estádio, o dia. Mas isso não explica.

Karnal – Não, mas é o nosso Narciso** que determina que vejamos em nós a centralidade do acontecimento. Ou seja, "por que sobre mim?" pressupõe que o "eu" é tão central que cremos que, acontecendo algo de ruim conosco, é um azar

---

* O caso ocorreu em 1999, quando uma estudante de 28 anos foi atingida na cabeça por uma peça de 40 quilos que se soltou de um guindaste. (N.E.)
** Personagem da mitologia grega, apaixonou-se pela própria beleza ao ver sua imagem refletida em um lago. É por isso considerado símbolo de vaidade. (N.E.)

extremo e que, se paramos um minuto antes e o guindaste caiu, Deus nos salvou. Quando é contra nós é um azar extremo, e quando é a nosso favor é um benefício extremo. É a grande questão do homem que perdeu o voo que se acidentou aqui em São Paulo tragicamente naquele 17 de julho.* Ele perdeu o voo em Porto Alegre, não embarcou por causa de um problema com seus documentos. E ele disse: "Deus me salvou". Pergunto, então: quem matou os quase 200? Mas nunca nos preocupamos com o fim dos outros. Estamos sempre centralizados na nossa explicação: "Por que, justamente comigo, houve o bem ou houve o mal?". "Por que", tal como você lembrou, na memória dos sobreviventes da *Shoah*,** "eu sobrevivi?". E sobreviver inclui dar à vida a ideia de missão, que é uma postura tipicamente religiosa. Às vezes, ela é política. Entre um militante político e um religioso há uma semelhança muito grande. Ambos têm livro sagrado, ambos têm paraíso, ambos têm uma utopia. Ambos acreditam em missão e em certa "marcha necessária" da História. Somos egocêntricos no sentido da palavra: tudo gira ao nosso redor e por nossa causa. O religioso pode acreditar que Deus se ocupa dele dia e noite e um militante político

---

* A tragédia aconteceu no ano de 2007, quando um avião da TAM vindo de Porto Alegre não conseguiu frear ao pousar e ultrapassou os limites da pista do aeroporto de Congonhas, em São Paulo, colidindo com um prédio da própria companhia aérea e um posto de gasolina. Todos os 187 passageiros e tripulantes e mais 12 pessoas em solo morreram. (N.E.)

** Termo do dialeto iídiche – língua germânica falada pelos judeus – usado em referência ao holocausto. (N.E.)

pode pensar que está ao lado de uma "consciência superior" e iluminada. Ambos convertem, pregam e gostam de bando.

Cortella – Têm rituais, têm um clero...

Karnal – ... têm excomunhão, têm perseguição e violência. Então, nesse caso, eu acho que a vida tem um sentido. E um sentido próprio. Mas eu tenho uma inclinação muito grande pela juventude das ideias do existencialismo e do absurdo. Talvez aquilo que diz, por exemplo, *O estrangeiro*[*] Meursault, quando atira no árabe na obra de **Camus**. Ele dá vários tiros sem ter motivos para isso.

Cortella – Ele tem, e bem entre aspas: "A areia está muito quente. E o sol está forte".

Karnal – A areia está quente, o sol está forte, ou seja, não são motivos suficientes nem lógicos. Mas talvez sejam os grandes motivos da existência: sensoriais, passageiros, acidentais. Totalmente aleatórios. Randômicos, para usar uma palavra de que gostamos muito hoje. Por que Meursault se torna um assassino? A frase central dele é: "Tanto faz". Quando sua namorada o pede em casamento, ele diz: "Tanto faz".

---

[*] Livro publicado em 1942, conta a história de Meursault, francês nascido na Argélia, tal como seu autor, Albert Camus, e que mata um jovem árabe sem qualquer motivo para isso, além do sol forte. A obra ilustra a filosofia de Camus, de que a vida seria guiada pelo absurdo. (N.E.)

Cortella – Você sabe que uma das coisas mais impressionantes para mim, nessa obra de Camus, é o final, a serenidade com que Meursault aguarda na cela a hora da execução. E ele tem até um certo prazer ouvindo os gritos, a irritação da turba...

Karnal – Ele deseja isso.

Cortella – Sim, ele tem aquilo como sendo um sentido. Eu acho que esse niilismo de Meursault – no caso, de Camus – tinha seus limites. Quando Meursault se regozija com aquilo que a multidão deseja, que é a morte dele, talvez ele se alegre porque ganhou ali um sentido, isto é, animar a turba. Quando Camus trabalha essas noções todas, especialmente a temática relacionada à vida inútil, ele toca no tema do suicídio, que é uma das coisas que mais me intrigam. Eu li uma frase há alguns anos que diz o seguinte: raramente temos notícia do suicídio de um mendigo. Raramente. No dia a dia, ouvimos falar de alguém como você e eu, que decide tirar a vida por conta de discussões, do amor, da política, da perturbação mental, mas, dificilmente, isso acontece com a pessoa mais despossuída, mais sofrida, o homem de rua, aquele que não tem propriedade, não tem lugar, não tem acolhida, que tem dores. A grande pergunta é: por que os mendigos não se matam?

> A grande pergunta é: por que os mendigos não se matam?

Karnal – Ou tantas pessoas que teriam motivos concretos para o suicídio. Vamos excluir disso as pessoas que se orientam para o suicídio a partir de uma doença grave, que escapa ao controle delas, chamada depressão. Vamos excluir essas pessoas. Vamos pensar nos seres que não estão atacados da doença depressão, que não sofrem de algum distúrbio mental enorme que os separa dos outros na maneira como percebem o real. Na verdade, vamos pensar, por exemplo, em suicidas intelectuais, que são frequentes. Desde **Sêneca** até **Stefan Zweig**, autor judeu austríaco que se refugiou em Petrópolis e lá escreveu o livro *Brasil, um país do futuro*.[*]

Cortella – Ele e a esposa se suicidaram.

Karnal – Ele e a esposa em um pacto de suicídio. Por que alguém, ao encontrar o paraíso, como no caso dele, no paraíso decide tirar a vida? Por que ele viu o horror do holocausto? Por que ele viu toda a política da década de 1930 para 1940? Você testemunhou, assim como eu, que há pouco tive contato com vários sobreviventes de campos de concentração, que quem olha para a Medusa,[**] às vezes, sai transformado com grande amor à vida. Outros saem muito "pesados". Mas há quem saia muito feliz, muito tranquilo por ter sobrevivido, mesmo se

---

[*] Publicado em 1941. (N.E.)
[**] Personagem da mitologia grega, é representada como um monstro com serpentes no lugar dos cabelos. Segundo a lenda, quem olhasse para seu rosto era transformado em pedra. (N.E.)

perguntando por quê. Todos nós somos sobreviventes. Quer dizer, somos sobreviventes de balas perdidas, de acidentes de trânsito que, em maior ou menor grau, quase todo mundo já sofreu. Somos sobreviventes de acidentes pessoais, de escolhas erradas. É uma pergunta muito difícil: o que justifica viver, afinal? Mas eu acho que as perguntas metafísicas – eu sei que é criticável essa expressão, ela não é aristotélica –, como "o que é o destino da vida?", são feitas somente depois que as necessidades básicas estão satisfeitas. Porque, primeiro, temos que nos alimentar. E quem está buscando comida desesperadamente não tem pensamento. Para usar um exemplo muito caro a um amigo nosso, **Clóvis de Barros Filho**, se você está com uma diarreia gravíssima e quer atingir o banheiro como um nirvana supremo, como o Santo Graal mais buscado, é pouco provável que, premido pela força de um intestino que claudica, pense: "Qual será o sentido da vida? Afinal, por que eu existo?". Porque a necessidade imperativa, aquilo que seria na pirâmide de Maslow* o mais forte, essa necessidade está impulsionando e ocupa todo o seu ser. Ocupa todo o seu ser a fome, ocupa todo o seu ser a diarreia. Então, acho que, resolvidas essas questões primárias, chegamos a uma questão secundária e passamos

---

* A pirâmide elaborada pelo psicólogo americano Abraham Maslow (1908-1970) coloca as necessidades humanas em cinco níveis de hierarquia, a partir da base: fisiológicas, de segurança, sociais, de estima e de autorrealização. Conforme as necessidades que estão na base, fundamentais para a sobrevivência, vão sendo satisfeitas, passa-se para as próximas. (N.E.)

a falar de padrões abstratos, como, por exemplo, pensar no sentido da vida.

Cortella – Quando você cita Stefan Zweig – aliás, uma coincidência histórica é que ele era austríaco e **Hitler**, quem o levou a se suicidar, também o era –, aquilo era uma possibilidade de futuro. Quando ele e a esposa decidem se suicidar, estão se colocando a possibilidade de um sofrimento que eles querem retirar. Isto é, "eu sei que vou ser pego e vou sofrer muito. Então, para evitar isso, eu tiro a minha vida".

Karnal – Como **Walter Benjamin**, por medo.

Cortella – Isto é, "eu quero me poupar do sofrimento que a vida traz, porque viver é muito perigoso, tem mais sertão do que veredas". Talvez Camus não estivesse tão entortado ao dizer que o suicídio era o tema prioritário para quem queria refletir em Filosofia. É aquela frase clássica: "Há pessoas que se matam por medo da morte". Elas tiram a própria vida porque a morte as apavora. Eu não desqualifico quem tem algum tipo de perturbação de natureza mental, médica, como você lembrou. Não estou falando aqui de casos assim. Estou falando de pessoas que, não tendo essa visão que a gente diria que é quase orgânica, como é o caso da depressão, se colocam isso como uma possibilidade teórica. Eu gosto bastante quando você lembra que aquele que não tem nada a perder, o despossuído, tem tanta coisa séria para dar conta, como, por exemplo, se ele almoçará naquele dia, que não dá tempo disso, de pensar em se matar. E aí, claro, vem a pergunta inevitável. Como a Filosofia é filha do ócio, às vezes ficamos imaginando que, se tivéssemos coisas para fazer, não pensaríamos nisso. Um dos meus tios, que já faleceu faz tempo, quando alguém dizia que não estava bem, ele falava: "Se eu lhe der uma foice de cabo curto e cinco alqueires de cana para cortar, você acha que vai continuar com essa perspectiva?". Essa é uma fala de convencimento moral, isto é, "não seja fracote, você só tem isso porque é frescura da sua parte. Se você tivesse que ganhar a vida cortando cana com uma foice de cabo curto, aí ia ver o que é bom. Não venha com essa história, não". Bom, esse tipo de alerta quase nos faz imaginar que a vida é para os fortes. E os fortes são aqueles que não se rendem a essa ideia de desistir do jogo. Por isso, às vezes, se imagina que quem tira a própria vida seja um fraco.

Karnal – Esse é sempre um julgamento problemático. Quando a Igreja católica começa a rezar pelos suicidas, ela entende que a perfeita consciência de tirar a própria vida pode estar alterada de muitas maneiras. É difícil julgar quem chega ao ponto de pensar no ato suicida ou executá-lo. Assim, a misericórdia e a compaixão estimulam a dúvida e daí surgem as missas por suicidas. E, para que não paire nenhuma dúvida sobre o que estamos dizendo, se alguém está atacado de uma *doença* chamada depressão, ele pode ter 15 alqueires de cana por dia para cortar, 10 tanques com fraldas de pano usadas para lavar e continua depressivo. Porque a depressão não decorre da falta do que fazer. Ela acomete empresários que trabalham 60 horas por semana, por exemplo. Mas, voltando à sua ideia talvez aristotélica, para falar dos filósofos na República, platônica também, alguém vai ter que lavrar, alguém vai ter que fazer essas coisas. De fato, é o pensamento que não nasce de um ócio no sentido negativo, mas de uma capacidade de pensarmos estruturas e conjunturas para termos satisfeitas nossas necessidades básicas. E aí, sim, a Filosofia traz uma resposta muito importante, inclusive para ser dada àqueles que automatizaram processos não automáticos, processos culturais. Eu, como historiador, vou lembrar que a posição da mulher e da criança é uma invenção histórica. Para fazer isso, naturalmente, tenho que estar um pouco ausente da lida diária, desse peso do trabalho, desse sofrimento dado ao homem como castigo após o pecado. Para filosofar, para pensar, para ser um historiador, tenho que estar ausente de algumas questões que consomem toda a força física. Agora, somos muito criativos para inventar falsas justificativas de vida. Ou superficiais. Ou que não nos convencem, como *likes* nas redes sociais. Não é uma questão que talvez um teólogo dissesse que é a nossa vaidade – tudo é vaidade, como lembra a *Bíblia* –, mas é porque decidimos delegar a nossa existência à reação do outro. E, quase que instintivamente, essa reação leva a um processo de esvaziamento, porque nunca é suficiente. Nunca esse retorno é suficiente. Portanto, a resposta a que se destina uma vida sem sentido ou com a "náusea do absurdo", que seria a expressão sartriana, só pode ser dada pelo indivíduo. Ela não é universal.

O que nos trouxe até aqui?

Cortella – Do mesmo modo que a posição da mulher e da criança é uma invenção histórica, como você lembrou anteriormente, também o é a ideia de que sou eu que construo a minha própria trajetória.

Karnal – Também, obviamente. Para o historiador, o sentido é uma construção, bem como papéis sociais.

Cortella – E eu, ao olhar a sua especialidade, fico imaginando que é difícil que alguém do campo da História, da historiografia não tenha uma visão teleológica da vida. Porque o historiador olha daqui para o passado. A tentativa de oferecer justificativas e explicações que mostrem que só podíamos chegar aonde chegamos, isso é teleológico. Isto é, vale para a história da humanidade e vale para a história dos indivíduos. Eu, Cortella, olhando para a minha vida do momento em que despontei em 1954 até agora, digo que faz todo o sentido o jeito que sou. Aí vou construindo todas as explicações. E há uma questão que não tem a ver com o espiritismo ou com o kardecismo ou com o reencarnacionismo grego ou celta: será que eu nasci mesmo em 1954?

Karnal – É que, em História, a teleologia, ou seja, descobrir um sentido que conduza a um ponto necessário –

algo muito hegeliano –, é considerada, hoje, um defeito metodológico. A ideia de causa, por exemplo, não é mais usada em História. Por quê? Porque se eu for identificar as "causas" da Grande Guerra de 1914, por exemplo, vou apontar o fato imediato que foi o assassinato do arquiduque **Francisco Ferdinando**, o imperialismo, o pangermanismo,[*] o paneslavismo,[**] o revanchismo francês,[***] a Paz Armada[****] e a política de diplomacia secreta.[‡] Só que tudo isso foi construído para chegar a 1914. E, para tal, eu ignorei o espírito otimista da *Belle Époque*,[‡‡] as grandes exposições universais,[‡‡‡] o fato de que as economias capitalistas entrelaçadas gostavam mais da paz, que facilitava o comércio, do que da guerra e assim por diante. Ou seja, assim como identifico no fascismo a origem da Segunda Guerra, tenho que ignorar a Paz de Locarno[‡‡‡‡] ou

---

[*] Movimento liderado pela Alemanha no século XIX, propunha a consolidação de todos os povos germânicos num único Estado. (N.E.)

[**] Movimento ocorrido no século XIX em defesa da unificação de todos os povos eslavos. (N.E.)

[***] Movimento político ocorrido na França, em 1870, após o país ter perdido parte de seu território para a Alemanha. (N.E.)

[****] Período anterior à Primeira Guerra Mundial caracterizado pela corrida armamentista. (N.E.)

[‡] Rede de alianças formada de modo sigiloso. (N.E.)

[‡‡] Período que abrange o fim da Guerra Franco-Prussiana e o início da Primeira Guerra Mundial, marcado pelo progresso tecnocientífico. (N.E.)

[‡‡‡] As exposições universais tiveram início no ano de 1851 em Londres, no Reino Unido, sendo depois realizadas em várias localidades pelo mundo, até hoje, com o objetivo de apresentar os avanços da indústria e outros feitos. (N.E.)

[‡‡‡‡] Acordo assinado por França, Alemanha, Bélgica, Grã-Bretanha e Itália em 1925, para garantir como inviolável a fronteira ocidental da Alemanha. (N.E.)

o pacto Briand-Kellogg,* que impediriam a guerra. Portanto, tudo o que faço é posterior construção de sentido. É por isso que o grande historiador **Marc Bloch**, que morreu em campo de concentração, recomenda que o historiador não seja juiz. O historiador não deve trabalhar como se conhecesse o final e resgatar apenas aquilo que leva a ele. E como você bem lembrou, nós, historiadores, fazemos isso. Em toda banca de que participamos há o memorial de um intelectual, que já lemos tanto. O memorial é sempre teleológico: "Eu tinha cinco anos, subi na estante de meu pai, o volume de **Werner Jaeger** *Paideia* caiu sobre minha cabeça e entendi que seria um helenista doravante".

Cortella – É um volume muito grande!

Karnal – É uma memória marcante, a *Paideia*. O indivíduo, portanto, constrói esse fato e não o de que, na mesma idade, o que ele mais gostava de fazer era brincar de carrinho, mas não se tornou piloto, e sim helenista. Graças a isso, ele constrói um sentido, que é dado pelos acontecimentos posteriores. Como interpretar, por exemplo, como positivo o primeiro beijo, quando ele foi cercado na minha geração de ansiedade, medo de não domínio técnico e de rejeição? Basta

---

* Também conhecido como Pacto de Paris, onde foi assinado em 1928 por 15 países, condenava o recurso à guerra para solucionar conflitos internacionais e como instrumento de política nacional. (N.E.)

dizer posteriormente que aquele foi um momento mágico. Mas não foi. Foi um momento terrível.

Cortella – Mas não há outro modo de fazê-lo, isto é, a possibilidade de eu não identificar causas. A menos que eu entenda como **David Hume**, que há uma possibilidade apenas de antecedência e de sucedência, ou seja, que só se pode dizer que aquilo *parece* ter vindo antes disso e não que disso foi causa. E aí vou usar a Física Quântica – que alguns agora recusam com muita energia –, em que só posso dizer, de novo, o que veio antes e o que veio depois, mas não posso dizer que aquilo foi causa disso. Ora, fica estranho que eu, ao olhar aonde cheguei, não dê explicação para as causas que me trouxeram até aqui. Seja como indivíduo, seja como humanidade. Não há causas para o achamento do Brasil, por exemplo. Ou, não há causas que eu entenda... As causas da Revolução Francesa, da Abolição da escravatura, da Proclamação da República – eu estudei muito isso e você também, quando ainda estávamos na educação básica. Não se trabalhar essa ideia, de causa, ofereceria qual explicação?

Karnal – Bem, nosso objetivo nessa discussão é muito importante. Não é exatamente entender a epistemologia da História, mas sim – e foi muito bom que você tenha trazido isso à tona – explicar também o indivíduo por causas, e a grande causa que seria aquela que justifica a vida. Nós não usamos mais a palavra "causa", na verdade, usamos a palavra "historicidade". Ou seja, o conjunto de fatores que podem ou não levar a uma situação. Porque a História contém suas contradições, contém sua própria dialética, e é muito menos lógica e organizada do que supomos. E nos diversos níveis – história cotidiana, história econômica, história política das ideias – tentamos entender como funciona aquele momento. Somos, portanto, fruto de uma historicidade, mas ela não nos explica. Ela apenas explica aquele momento. Dentro disso, existem contradições enormes, possibilidades equivocadas. E, como você lembrou, *se* não existe em História. Não existe futuro do pretérito em História. Eu não posso fazer ciência sobre fantasmas, não posso fazer ciência sobre aparições. Eu posso explicar por que as pessoas acreditam em gnomos, duendes ou fadas. Mas eu não posso explicar a existência de gnomos, porque eles não existem – pelo menos até o momento.

Cortella – Eu não tenho certeza disso, por dois motivos. O primeiro é um conto que li faz mais de 40 anos, quando me tornei pai pela primeira vez. Não guardei a autoria, mas me marcou muito por conta da minha circunstância naquele momento. Relata a história de uma criança com quatro anos, que foi acordar o pai na cama às duas da manhã e lhe disse: "Pai, tem um fantasma no meu quarto". Ele se sentou ao lado do filho durante mais ou menos 20 minutos para explicar, racionalmente, como nós somos capazes de fazer, que não existem fantasmas. E ele fez toda uma argumentação estupenda sobre a inexistência e a impossibilidade de fantasmas. É como você disse, a História não se faz sobre fantasmas. E aí, no final, ele fala para o filho: "Vá se deitar, porque fantasma não existe". E o menino responde: "É, mas para nós existe".

O segundo motivo é o que aconteceu numa cidade dos Estados Unidos, o suicídio em larga escala de pessoas que aguardavam a chegada de uma nave que iria levá-las para outro lugar.* A tendência seria dizer: "Isso não aconteceria. É um absurdo ficar esperando uma nave". Mas alguém poderia argumentar: "Por que não? Qual é a certeza que você tem disso?". No meu caso, que teria a racionalidade como argumento, eu diria que isso foi despropositado. Mas como você disse, estamos aqui falando do indivíduo, e não necessariamente da História. Mas a História são as histórias. A História são as biografias. Portanto, ou criamos um sentido ou ele será inventado por outra pessoa. A noção de alienação, trazida primeiro por **Hegel** e depois no modo marxista de falar, não é exatamente não ser dono do seu destino?

> **Ou criamos um sentido ou ele será inventado por outra pessoa.**

Karnal – É que a História não estuda em si a possibilidade do fantasma, mas os seus efeitos concretos como a insônia do

---

* O caso aconteceu em 1997, na cidade de San Diego, na Califórnia, quando 39 pessoas de uma seita denominada Heaven's Gate se suicidaram. Ao lado de cada corpo, havia uma mala, pois elas acreditavam que seriam levadas por uma nave alienígena e passariam para o "próximo nível". (N.E.)

filho, sua incapacidade de dormir tranquilamente. Que é a mesma coisa que nos faz estudar as pirâmides – fruto da crença de que exista um Ka,* um duplo que precisa da sobrevivência da matéria da múmia ou de todos os bens de um nobre ou de um faraó. A História, então, estuda os efeitos de crenças ilógicas, não materiais e não demonstráveis, não verificáveis e não empíricas que, quase sempre, produzem objetos empíricos, verificáveis e concretos. A crença de que um rei tem poder divino é inteiramente abstrata, metafísica e indemonstrável, mas foi em nome disso que se construiu todo o Antigo Regime na França. Portanto, o fantasma existe na cabeça da criança. Ele existe em um plano, como representação. Mas ele não é demonstrável ou verificável. Eu, como historiador, trabalho com aquilo que é demonstrável. E o efeito dessa crença é demonstrável. Quando inventamos um sentido para a existência – por exemplo, "eu vim ao mundo para ajudar pessoas com câncer" –, estamos inventando uma metafísica. Porque não há nada naquele espermatozoide com o qual iniciamos a vida que nos predisponha ao serviço oncológico. Mas inventamos isso porque dá prazer pessoal, é socialmente bem-aceito e cria uma ação que vai nos tornar cidadãos melhores e com prestígio.

---

* Uma espécie de sombra, réplica imaterial do corpo que continuaria a existir após a morte, desde que ele fosse bem conservado. (N.E.)

Dom, vocação ou esforço?

Cortella – Quando você mencionou Mozart antes, que partiu jovem (os antigos diziam que os deuses sempre protegem aqueles que eles querem que ganhem nome, fama e história, e por isso os levam muito cedo), não era uma ausência de sentido. Ou seja, Mozart não fazia o que fazia movido por uma força sem rumo, desconhecida por ele mesmo. Ele tinha um sentido: a edificação de uma das formas da Beleza! O próprio Camus, ao falar disso, dava àquilo um sentido. Se pego toda a reflexão feita por ele na Filosofia e na Literatura, se entendo e até adoto a percepção de que ele era um niilista e que, portanto, tudo seria a expressão da insignificância da própria existência, isto é, ela não teria um significado, eu diria: "Camus, lamento, mas a sua fala sobre a ausência de sentido é exatamente o que o leva, para achar um sentido, a escrever um livro sobre isso". Quando ele escreve *A peste*,[*] quando escreve *O estrangeiro*, não é alguém que se coloca a serviço da cura do câncer, mas é alguém que se coloca uma tarefa. Isto é, "não serei inútil, não vou ficar descartável". Nosso iluminador em alguns tempos, **Sartre** saía nas passeatas de braços dados com

---

[*] Publicado em 1947, o romance trata da condição humana e o sentido da vida ao contar a história de uma cidade atingida por uma peste transmitida por ratos. (N.E.)

outros estranhamente maoistas.* Isto é, mesmo quem sobre isso escreve e, eventualmente, até levanta a bandeira da nulidade dos sentidos, constrói um sentido de algum modo. Isto é, mais fala do que pratica.

Karnal – Mas é preciso entender – e talvez seja a diferença entre você ser um homem de fé e eu não – que o não sentido não é o vazio, mas pode ser a realidade das coisas. A falta de uma consciência superior não esvazia tudo, todavia revela como as coisas são. Jó** encontrou alento ao descobrir um plano superior que preexistia a suas múltiplas tragédias. O seu sentido pode ser útil ou inútil, pode ser produtivo ou não produtivo. Camus estava chegando ao apogeu da sua escrita quando morreu em um acidente. Foi bom para ele, que morreu jovem e bonito, mas ruim para nós. **Pergolesi**, o grande autor, morreu com 26 anos, mas compôs aquele *Stabat Mater* que, sozinho, já valeria toda uma existência. E há quem viva 100, 110 anos incomodando, não produzindo nada. É o aleatório da existência. Podemos seguir os estoicos e dizer: "Sê teu próprio libertador". O suicídio seria, então, uma liberdade estoica. Ou podemos entender

---

* Um dos principais representantes do existencialismo, para quem os homens estariam condenados à liberdade e, portanto, seriam responsáveis pelo sentido dado à própria existência, Sartre se uniu ao comunismo maoista na década de 1950, acreditando que só por meio da violência revolucionária seria possível alcançar a justiça e a liberdade, posicionando-se em defesa da libertação da Argélia do domínio francês, da Revolução Cultural Chinesa e dos movimentos estudantis de 1968. (N.E.)

** Personagem bíblico do Antigo Testamento, sua integridade é testada pelo diabo, que tira de Jó seus bens, seus filhos e sua saúde. (N.E.)

que, sim, a existência é aleatória, não tem sentido, nada muda definitivamente nada. Mas, ao formar a minha ideia aleatória de sentido, que é histórica, estou produzindo algo que eu creio ser significativo. Marchando pela liberdade da Argélia, no caso de Sartre, ou defendendo alguma outra grande ou pequena causa que acho plausível. Mas é uma escolha minha. Não há nada que a valide. O homem de Sartre é aquele que interpreta os sinais do céu, então, não importa que eu leia que as estrelas disseram isto. Sempre serei eu a coletar esses dados e ignorando todos os outros. Alguns acham aterrador e eu defendo como libertador ter de inventar meu próprio sentido.

Alguns acham aterrador e eu defendo como libertador ter de inventar meu próprio sentido.

Cortella – É por isso que não podemos ter, nisso que você reflete tão bem, um sentido, uma razão, um propósito que seja externo. Eu posso até imaginar – vou caminhar fora do campo da metafísica – que não haja um sentido sobrenatural...

Karnal – *Ex machina*.

Cortella – Isso. Nenhum de nós recebe *a priori* uma determinação. Apesar das fadas, não estamos fadados a uma direção. Ainda assim, a noção da necessidade de se construir um sentido é marcante. Admiro muito **Álvaro Vieira Pinto** em sua construção num livro clássico, que você conhece, *Ciência e existência*. Ele, que era um hegeliano, alguém que marcava a sua trajetória na ciência a partir de uma visão sobre o espírito que dirige etc., nesse livro, no capítulo 6, "Teoria da cultura", levanta algo que, embora seja dos anos 1960 – o livro é de 1969 –, acho que serve para a gente pensar. Ele diz que o humano constrói o mundo e esse mundo que nós construímos nos constrói. A expressão que ele usa é: "O homem é um produzido produtor do que o produz". Isto é, é o fecho desse ciclo em que nós somos feitos daquilo que nós fazemos. Que é, de certa maneira, Hegel com a objetivação do sujeito, mas que não é descartável como reflexão. Independentemente da sua convicção não metafísica ou, de outro modo, não religiosa, quando falávamos de fé, qual é a sua ideia dessa concepção? Isto é, "eu construo aquilo que me faz, e por isso sou livre exatamente porque sou determinado por aquilo que fiz".

Karnal – O contrário seria pressupor o homem como um demiurgo absoluto, onipotente e onisciente que inventa, constrói sentidos. Eu concordo inteiramente tanto com essa postura quanto com a frase clássica de **Marx**: "Os homens fazem história, mas não do jeito que gostariam". A História é inteiramente humana, mas ela não está inteiramente sob nosso controle. Não existe uma teleologia histórica absoluta hegeliana. É nisso que Marx se afasta de Hegel. Mas ele vai criar uma outra, talvez pior ainda. A grande questão é: sim, eu sou o caminho, sou caminhante, sou o átomo do mundo e o mundo com seus átomos. E, do ponto de vista de **Demócrito**, integrado a esse mundo que me redefine a todo instante. Sou o fruto das minhas opções e das minhas circunstâncias. Como diria **Filipe II**, "eu sou eu e minha fortuna"; e **Ortega y Gasset**, "eu sou eu e minhas circunstâncias". Eu sou uma pessoa fruto de transformações. Ao optar por fazer um curso de História, eu tinha uma ideia. Ao sair do curso, era outra pessoa, a ideia era completamente diferente. Em nenhum momento eu antevi o que ocorreria hoje. Em nenhum momento, ao estudar **Heródoto**, ao estudar **Políbio**, **Tucídides**, pensei: "Vou estudar bastante porque um dia estarei com o professor Mario Sergio Cortella. Nós debateremos e essa conversa vai virar um livro pela Papirus, que as pessoas vão ler". Em nenhum momento eu imaginei isso no passado. Mas estou aqui por causa de escolhas anteriores que me conduziram a este ponto. Portanto, sou livre dentro de certos limites. Há coisas que me escapam: a passagem do tempo, a força da gravidade... Mas, dentro disso, eu tenho uma perspectiva. **Monja Coen** estimou em um livro, também publicado pela Papirus,[*] que a nossa liberdade é de 5%; o resto seria genética, ou estaria condicionado socialmente. É uma postura otimista. Sejam 5%, sejam 100%, há algo que muda. E esse algo, que pode ser uma liberdade total, mediana ou reduzida, é a capacidade de se colocar uma vontade. Agora, essa vontade é livre? Essa é uma outra questão importante.

---

[*] *O inferno somos nós: Do ódio à cultura de paz.* Campinas: Papirus, 2018. (N.E.)

Cortella – Quando você diz: "Eu, quando estava estudando Tucídides, Heródoto, não imaginei que um dia...", pode não ter imaginado, talvez não tenha programado...

Karnal – Não, não programei.

Cortella – Mas hoje você programa, não? Você planeja, do contrário ficaria impossível. Aliás, a ideia de planejamento de carreira é um tema bem marcante no nosso cotidiano hoje.

Karnal – Sim, hoje eu programo. Mas muitas pessoas me perguntam, e sei que a você também, como professor: "Eu tenho 16 anos e tenho que escolher o que vou ser pelo resto da vida?". Não tenho a mínima ideia do que posso dizer para essas pessoas, porque não sei o que serei pelos anos que me restam. Provavelmente continuarei sendo historiador, mas tudo vai depender de uma série de circunstâncias. Não existiu algo absoluto: eu só poderia ser historiador. Eu poderia ser tantas coisas e também nenhuma.

Cortella – E é interessante que as duas únicas profissões em que se sabe o que vai ser pelo resto da vida são a religiosa, supondo que dela a pessoa não vai sair, e a militar. São dois modos de organização da vida em que não há possibilidade de fazer todas as escolhas.

Karnal – E aqui nós temos dois religiosos que não seguiram a carreira religiosa e, hoje, o Brasil está cheio de militares que abandonaram o quartel para seguir outra carreira...

Cortella – Eu sempre brinco que uma das coisas que mais me chateiam é quando uma pessoa, a título de me homenagear, me ofende sem querer, dizendo: "Cortella, você tem o dom da palavra". Isto é, como se eu fosse predestinado, como se não tivesse mérito algum, como se não tivesse feito esforço algum. Como se a divindade – ou as divindades – tivesse vindo e falado: "Menino, você vai falar em público e vai fazer isso para o resto da sua vida". Que é a própria noção mesmo de dom, aquilo que já nasceria com a pessoa. A noção de dom é uma marca muito forte da ideia de religiosidade, isto é, mesmo que ela não seja na tradição de uma religião específica, como é no Ocidente, mas carrega a percepção de que fomos escolhidos. Mais do que chamados, já que vamos falar um pouco sobre vocação também, teríamos sido escolhidos. Seríamos um daqueles que ou é predileto para o positivo ou para o negativo, mas que foi escolhido para alguma coisa. Você acha que tem o dom da palavra?

Karnal – Acho que o processo que conduz alguém a falar em público e a fazê-lo frequentemente, como você diz, omite o fato de que nós lemos muito, de que existem muitos treinos... Omite o fato de que, provavelmente, aos 20 anos, você não falava tão bem como hoje. De que existe uma série de coisas que podem ser cronometradas, medidas, metrificadas ao longo da sua existência. De que existe um processo interno, que é a projeção que você faz em pessoas que falavam bem, modelos retóricos, suas leituras de **Cícero**, **Quintiliano**, **Bossuet**, **padre Antônio Vieira**, que vão reforçando uma identificação positiva. O fato de ter pai que foi advogado, político e professor de oratória ajudou muito no meu caso. Mas Vieira não teve pai advogado, político e foi uma nulidade até a adolescência, até a época do seu famoso estalo. Então, quando as pessoas falam em vocação, de *vocare*, do latim "chamar", a vocação de Mateus* que **Caravaggio** pinta na igreja San Luigi dei Francesi (Jesus apontando e são Mateus saindo da sua função de cobrador de impostos para segui-lo), o profeta Samuel** chamado diretamente por Deus, isso remete aos sete dons do Espírito Santo.*** Algo que desceu sobre nós de forma totalmente aleatória. Essa visão, naturalmente, mesmo que válida em alguns círculos religiosos, tem que ser rejeitada fora deles. Mas, mesmo em pensamento religioso, você tem que se preparar para o fogo carismático do Espírito Santo. Ou seja, é preciso estudar latim para que você se torne um doutor da Igreja. Como nas imagens de **são Tomás de Aquino**, em que o Espírito Santo está ditando coisas em sua orelha. Ou mesmo na já citada série sobre são Mateus. Caravaggio pinta Mateus inclinado sobre

---

* Cobrador de impostos na Palestina, nascido com o nome de Levi, deixou tudo para seguir Jesus, tornando-se um de seus apóstolos e adotando o nome de Mateus, que significa "dom de Deus". (N.E.)

** Prometido a Deus antes mesmo de nascer, conta a *Bíblia* que ainda muito jovem ouviu o chamado divino, tornando-se profeta. (N.E.)

*** Fortaleza, sabedoria, ciência, conselho, entendimento, piedade e temor a Deus – dons que seriam concedidos a nós pelo Espírito Santo. (N.E.)

uma mesa e um anjo ditando e enumerando coisas. Mesmo para ser um objeto da inspiração divina, se você é religioso, precisa estar preparado, ainda que exista o que chamamos de Graça Infusa Extraordinária, como Paulo derrubado a caminho de Damasco e recebendo uma iluminação.* Mas para que aconteça essa iluminação de Paulo, para Saulo virar Paulo, ele precisa antes ter tido alguma dúvida no apedrejamento de Estêvão.** Ele precisa ter pensado: "Será que esse é o caminho certo?". Porque, mesmo na tradição religiosa, a graça de Deus não violenta a natureza. "A graça supõe a natureza", diz Tomás de Aquino. Agora, saindo do campo religioso e entrando no campo menos da crença e mais da formação, neurocientistas, como ouvi **Suzana Herculano-Houzel** dizer, não acreditam em predestinação, dom, vocação, formação cerebral específica. Inclusive, ela diz que pode produzir um Mozart ou um Einstein sem problemas. Ela afirma, categoricamente, que eles não tinham um cérebro especial, e sim fruto de um treinamento que pode ser aplicado a mais gente. Quando ela disse isso uma vez numa palestra, alguém redarguiu: "Por que, então, não produzimos mais Einsteins mediante esse treinamento?". Bem, não é tão controlável. Não é tão controlável, mas também não é algo *ex machina*, *ex tudo*, fora de toda a lógica interna. Portanto,

---

* Antes Saulo, perseguidor do cristianismo, Paulo se converte após ter a visão de Jesus ressuscitado. (N.E.)
** Estêvão é conhecido como o primeiro mártir do cristianismo. Foi morto por blasfêmia. Saulo – futuro Paulo – esteve presente no apedrejamento. (N.E.)

eu acredito menos do que os religiosos na ideia de vocação. E, provavelmente, acredito mais do que Suzana Herculano-Houzel na ideia de que o esforço possa produzir tudo. É um pouco mais complexo do que isso, mas, acima de tudo, para dizer para os jovens, em particular, que estejam lendo esta obra, não existe uma decisão vocacionada que alguém toma aos 17 anos ao fazer o vestibular para Arquitetura, por exemplo, que garanta que até o fim da vida será arquiteto. Outro dia, encontrei engenheiros que administravam empreendimentos imobiliários. E o que nós fazemos hoje, eu e você, Cortella, e outros amigos da área, não estava no plano da Licenciatura ou do Bacharelado em História e Filosofia.

Cortella – De modo algum. Isso que você fala me lembra algo especialmente, a frase "Peça e lhe será dado". E me lembra o princípio de Mateus, que você conhece, clássico: "Aquele que muito tem, mais lhe será dado. Aquele que nada tem, o pouco que tem lhe será tirado ou cobrado". Nesse sentido, acho que, quando se trabalha com a noção de dom, isto é, de algo que são, para usar uma expressão bíblica antiga, os talentos – aquilo que recebemos e não era nosso, mas de que agora temos que cuidar –, há ali uma tentativa de explicação para que aquele que faz o que faz faça como faz. Mas acho que a ideia de dom é muito mais uma explicação para quem não faz do que um elogio a quem faz. Por isso, eu brinco: "Não faça esse elogio. Diga que eu falo bem. Mas não diga que é um dom porque isso retira a minha ideia de esforço". Mais do que um elogio, dizer "Você tem o dom da palavra" é quase que dizer "Eu não sou como você". É uma explicação que está fora da pessoa: "Eu não recebi essa bênção". Daí, "eu não canto tão bem, não desenho tão bem, não cozinho tão bem porque não tenho esse dom". A noção de dom é a noção da gratuidade. Isto é, "eu não fiz a escolha, mas fui escolhido". Eu gosto demais de um texto antigo chamado "Tio Patinhas no centro do universo", de **José de Souza Martins**, sociólogo da nossa Universidade de São Paulo. Ele faz uma leitura de histórias antigas da família Patinhas e mostra algo que temos que pensar. O Tio Patinhas é alguém possuidor de muitos bens e a Maga Patalógica – que é um trocadilho maravilhoso em português – quer lhe tirar a moeda n. 1. E uma das coisas que José de Souza Martins escreve é que não é que Tio Patinhas seja rico porque é ganancioso ou porque explora os outros. Nem é porque ele trabalha demais; é porque a moeda escolheu o pato. Não foi o pato que escolheu a moeda. Haja vista que, quando alguém lhe tira o princípio da acumulação, que é a moeda n. 1, ele empobrece. Não é o esforço que fez aquilo, é que ele foi escolhido.

Karnal – Tudo o que você está levantando, Cortella, remete à ideia de omissão do sujeito. Dom, graça, destino, vocação, ser uma pessoa abençoada pela graça, ser iluminado, ter nascido com o *gluteus maximus* inclinado a um satélite natural da Terra, ter nascido – para usar uma expressão mais antiga alemã – com uma colher de prata na boca, ser um crisóstomo, como **são João**, uma boca de ouro – tudo isso é um pressuposto que omite o sujeito e o seu esforço. O sucesso, seja como o consideramos, precisa do esforço do indivíduo. Mozart precisou estudar. Ele precisou ter um pai professor de piano, uma mãe e uma irmã músicas. Se Mozart tivesse nascido indígena tupi, e não em Salzburg, provavelmente nunca teríamos ouvido falar dele. Sua vocação musical e seu dom inato não teriam ocorrido porque a musicalidade tupi não se voltava ao mesmo foco naquela época.

Nada é possível; tudo é possível

Cortella – Eu venho preferindo, em vez de usar a noção de dom para algumas explicações, trabalhar a noção de virtude. No sentido clássico mesmo, aristotélico, isto é, a virtude como uma possibilidade intrínseca. Ou seja, você e eu, na época em que vivemos, com nosso contexto, com a circunstância de Ortega y Gasset, fazendo toda a moldura da nossa vida, podemos ser várias coisas. Não podemos ser tudo, mas podemos ser várias coisas na nossa trajetória. É uma possibilidade intrínseca. Assim como a semente tem nela contida, virtualmente, uma planta, assim como o ser humano está virtualmente contido no blastocisto, no embrião, você e eu temos possibilidades intrínsecas que poderão – agora usando o termo clássico – realizar-se ou não. Tornar-se reais ou não. Essa condição para mim é muito mais nítida do que a noção de dom. Porque a noção de dom significa uma força externa que nos escolheria e que nos marcaria. Eu até brinco: será que tem coisas que nasceram comigo e que facilitam a minha atividade? Tanto você como eu somos pessoas com uma voz boa para falar em público, para falar no rádio e na TV. Se nossa voz fosse diferente, nós não teríamos impossibilidade, mas teríamos mais dificuldade. O que nasceu comigo? Uma possibilidade, uma caixa vocálica e torácica que deu para esta rota esta possibilidade. Mas eu poderia fazer outra coisa. Às vezes, alguém me diz assim: "Você deve cantar bem. Afinal, você tem uma voz de barítono para algumas situações ou de tenor para outras". "Ora", eu digo "se eu o fizesse, talvez". Mas não basta eu desejar para cantar bem. É preciso que eu vá, como você lembrava, ensaiar, praticar, voltar, errar, aprender etc. Mas eu tenho, virtualmente, a possibilidade de ser alguém que canta. Como eu tenho de ser alguém que cozinha, alguém que pilota um jato – virtualmente. Eu sou incapacitado de dar à luz a uma pessoa. Isso não é uma virtualidade em mim. Eu não tenho como engravidar. Ainda. A ciência talvez coloque essa possibilidade. Eu já tenho um ventre adequado para isso! [*Risos*] Mas não necessariamente a condição operacional de fazê-lo. Ora, você não acha que a noção de virtude é mais correta até do que a noção de dom?

Karnal – Se ela for a noção aristotélica que você citou, sim. Em **Maquiavel**, *virtù* é fruto muito mais de um esforço pessoal e de uma busca por excelência do que apenas a virtualidade aristotélica e do cruzamento entre *virtù* e Fortuna. Mas eu imagino o seguinte: há pessoas que precisaram melhorar a voz, como **Demóstenes** (que, segundo velhos mitos atribuídos a ele, fazia exercícios à beira-mar colocando pedras na boca), pessoas que precisaram vencer a gagueira para falar em público, como **Otto Maria Carpeaux** e o rei **George VI**.

Cortella – **Pedro Mandelli**, com quem tenho um livro pela Papirus chamado *Vida e carreira: Um equilíbrio possível*, é um palestrante que, na sua história, era gago.

Karnal – Outras pessoas tiveram que, talvez, aprender com um fonoaudiólogo a mudar o timbre da voz de alguma forma ou tentar o esforço do timbre, o que é possível. **Maria Callas** fez isso quase que a vida inteira. O fato de você, Cortella, ser louvado pela voz que tem centrou o afeto nessa voz. Quando eu falo, minha voz é suficientemente grave para ser audível e suficientemente forte para impressionar. E quando você fala, transmite uma segurança que é biográfica. Ou seja, isso foi reforçando uma série de fatores que o faz se sentir tranquilo quando você abre a boca. Agora, nós estamos cercados de próceres da República que têm uma voz mais próxima à do Pato Donald, talvez, do que à do Tio Patinhas. Há próceres históricos da República sem clareza diccional tanto no passado quanto no presente. E atingiram o poder sem o uso dessa voz. O que estou dizendo? A voz pode ser um acidente genético de conformação de suas pregas vocais, mas é também um processo de construção ou de correção. Por isso, sim, nós não podemos tudo. Mas estamos livres de evitar o todo poder, ou, como digo em palestras, somos mais do que impotentes e bem menos do que onipotentes. Mais do que impotentes porque

> **Somos mais do que impotentes e bem menos do que onipotentes.**

todos podemos ser melhores no que fazemos, inclusive no que fazemos bem. E menos do que onipotentes porque, obviamente, temos sempre coisas a melhorar.

Cortella – Nisso que você fala, temos que afastar dois mitos. O primeiro é que nada é possível e o segundo é que tudo é possível. São duas conformações míticas. Quando eu tinha 17 anos de idade, decidi que ia fazer uma experiência mais profunda dentro da religiosidade e entrei num convento. Fui para a Ordem dos Carmelitas Descalços e fiquei três anos na clausura. Uma das coisas que eu tinha era dúvida em relação àquilo como vocação. Isto é, eu não tinha dúvida se seria alguém do clero, achava que essa era uma possibilidade, mas se isso seria, para mim, uma resposta a um chamado, como você usou a expressão antes, se eu estava sendo convocado mais do que só avocado. Usa-se muito essa expressão de convocação na política, na medicina, na prática da ciência: "Estou convocado, me senti convocado para isso. E, portanto, quero me alistar nas grandes centúrias que ajudam a salvar a humanidade". Essa perspectiva salvífica que tem a vocação para o Magistério, para o Sacerdócio, para a Medicina coloca uma condição em que não fui eu que fiz a escolha. Mas eu fiz a boa escolha. E essa boa escolha que fiz torna a minha vida mais justa – e aí vou usar a expressão "justificar" com a outra possibilidade que ela tem, quer dizer, dar justiça ao fato de eu existir. "Viver, a que se destina?" Bom, eu me destino a ser um ensinante (é claro que sou um aprendente também). Eu sou um comunicador, a minha tarefa é, para mim mesmo, espalhar o bem: o bem viver, o bem pensar, o bem falar. É muito tranquilizador imaginar que isso possa acontecer.

Karnal – Como não sou um filho da santa do dia 16 de julho, que é a sua, Nossa Senhora do Carmo,* mas de santo Inácio, do dia 31 de julho,** tenho que pensar muito modernamente que existe um procedimento vocacional contido nos exercícios espirituais que não é descobrir se sou de fato um religioso ou não, mas descobrir que sou indiferente em relação a mim mesmo de tal forma que eu seja massa plástica, como fica adequado no chamado divino. Porque tanto faz se Deus me chamar para ser um frade, para ser um monge, para ser um padre no caso dos jesuítas, porque eu devo ser apto a esse chamado, e a minha existência seria irrelevante diante de um plano maior. É a indiferença diante do resultado que faz um verdadeiro vocacionado, porque ele encontra sua natureza – a única natureza teologicamente em que o sentido é completo, que é a divina, porque somos feitos à imagem e à semelhança de Deus na crença dos religiosos. "Todas as outras crenças escravizam, essa é a única que liberta" – essa é a perspectiva religiosa.

---

*   Padroeira da Ordem Carmelita. (N.E.)
** Em virtude da formação jesuítica. (N.E.)

Cortella – Um soldado de Cristo.

Karnal – Um soldado de Cristo que toma as armas, metáfora presente nos *Exercícios Espirituais*.* Tanto faz se eu for um pai de família ou um frade, estou tomando as armas por isso. Mas a grande questão para mim, que não sou religioso, é como a nossa vaidade encontra, em determinada função, satisfação de tal forma que ela não se torne totalmente cega, não se torne um obstáculo, mas que encontre um objeto. Que o torne, Cortella, um excelente palestrante e um excelente autor de livros porque sua vaidade encontrou a vaidade de outras pessoas que acreditam que podem crescer. Essa vaidade universal, segundo o Eclesiastes, nos torna produtivos. Eu acredito muito nisso. As pessoas me perguntam: "Leandro, você é vaidoso?". "Sim." Em minha defesa, nunca encontrei alguém humilde. Nunca encontrei um ser humano humilde na minha vida. Mas são só 57 anos, pode ser que eu venha a encontrar alguém ainda. A grande questão é para onde vamos dirigir a nossa vaidade produtiva. E a vaidade produtiva exige excelência. Outra vaidade pode exigir a humildade de não se destacar e ficar no escuro servindo. Ou seja, é a divisão entre o mito de Marta e o mito de Maria,** entre a voz da contemplação

---

* Obra de santo Inácio de Loyola (1491-1556). (N.E.)
** Segundo a *Bíblia*, as irmãs Marta e Maria receberam em casa a visita de Jesus. Marta se ocupou de apenas servi-lo e, ao contrário de Maria, acabou não lhe dando atenção. (N.E.)

e a voz da ação na famosa cena em que uma serve a Jesus fisicamente oferecendo coisas e a outra lhe serve ouvindo. Se resolvermos essa vaidade, não faremos a cobrança de Marta: "Pede para minha irmã ajudar". Porque teremos encontrado um campo em que a nossa vaidade se sente feliz. E deixaremos de ser catequistas no sentido negativo, de querer impor a nossa verdade por acharmos que todos devem ter aquela verdade.

Cortella – É curioso porque um grande pensador da Universidade de São Paulo, que é **Yves de la Taille**, psicólogo nascido na França, faz uma análise muito densa sobre a diferença, que você conhece, entre o peregrino e o turista. Se nós imaginamos, tomando a salve-rainha, que estamos aqui exilados neste vale de lágrimas...

Karnal – ... gemendo e chorando.

Cortella – Gemendo e chorando. Se nós imaginamos que estamos caminhando neste vale de lágrimas, há um modo de nele passar que é o do peregrino, aquele que supõe sofrimento. Por exemplo, as pessoas fazem a caminhada em Santiago de Compostela[*] e, quanto mais chove, quanto mais frio faz, quanto mais penúria há, mais alegria. Quanto mais sofrimento vem à tona, mais seríamos merecedores da vida.

---

[*] Famoso destino de peregrinação cristã, onde está o túmulo do apóstolo Santiago Maior. (N.E.)

E algumas pessoas dizem que voltam até beneficiadas por esse tipo de desconforto mais geral e também físico. Já o turista tem outra percepção. Ele não passa pelo mundo o vivenciando; passa o apreciando. Uma parte da Filosofia traz a percepção de que estamos de passagem e que essa passagem é final. Isto é, estamos de passagem, mas ela acaba. Nós passamos e também passaremos. Estamos de passagem como passageiros. Eu, sendo passageiro, me termino. E não há uma razão para aqui estar.

Karnal – Obviamente, na minha crença, eu não pedi para nascer porque não havia uma consciência do Leandro antes do Leandro. Mas eu nasci. Eu tenho uma existência. Do ponto de vista dos empíricos ingleses e escoceses, como Hume, que você citou anteriormente, ser é ser percebido. E a maneira como eu percebo as coisas é tentar fazer esta vida ser significativa. Inspirado na *Carta sobre a felicidade*, de **Epicuro**, minha vida não é tão importante que deva ser vivida com aquele amor gorduroso de Falstaff, de que **Fernando Pessoa** escreve,[*] de viver como se fosse a última vez ou beber como se fosse o fim. Isso é excessivamente dramático. Nenhum de nós é indispensável. O cemitério está repleto de pessoas que eram arrimo de família e que hoje estão esquecidas. Então, a vida é interessante. E, no momento em que entendo que ela não é *tão* dramática, que não devo achar um grande sentido nela,

---

[*] "Tens, como Falstaff, o amor gorduroso da vida?" (N.E.)

que não vou fazer uma diferença enorme, sou livre para viver a vida de forma melhor e não criar tanta expectativa. Também a morte não é um drama tão trágico, tão terrível. A morte, como lembra Epicuro na *Carta sobre a felicidade*, eu nunca vou encontrá-la. Porque, quando eu for, ela não será; quando ela for, eu não serei. E nenhuma dor ultrapassa a morte. Então, não devo temer.

Cortella – Na sua crença.

Karnal – Na minha crença, obviamente. Pode haver um inferno depois na sua crença, por exemplo. O que vai nos animar é que, de acordo com a nossa crença, nós não nos encontraremos depois da morte. Você já jogou isso uma vez na minha cara e na do **Pondé**. Disse que vai ser salvo e nós não.

Cortella – Verdade; já brinquei: "Não vou encontrá-los, nem você nem o Pondé".

Karnal – O que pode alegrar os três...

Cortella – E teremos o agradável prazer da ausência! [*Risos*]

Menos inspiração, mais transpiração: Há destino?

Cortella – Quando falávamos da ideia de dom, de iluminação, você citou Paulo no caminho para Damasco. É curioso porque o meu primeiro livro foi sobre **Descartes**. Eu tenho uma paixão muito grande por aquilo que ele produziu. Descartes também foi formado pelos jesuítas, como você e eu, e uma das coisas mais engraçadas é que ele, que é o sinônimo do pensamento racionalizado extremado, em que a ideia daquilo que é provado a toda medida é que tem validade, relata uma noite de iluminação. Em que ele, ali, parado, no exército de **Maurício de Nassau**...

Karnal – ... teve uma epifania.

Cortella – Curiosamente, Descartes se alistou ao exército para ter um pouco de paz. Ele escreve isso com muita clareza porque não entendia que estar alistado no exército de Maurício de Nassau era uma missão. Descartes tinha um objetivo: ele queria sossego. Naquele momento, no século XVII, o deslocamento de tropas ali era muito lento. Cavava-se muita trincheira, chovia demais, havia muita neve. Descartes queria ter sossego e a melhor maneira era ficar no meio de uma guerra. Ora, quando Descartes diz que recebe uma iluminação, uma revelação e, a partir dali, segue em busca daquilo que é o pensamento absolutamente racionalizado, tem um ponto de partida tão estranho quanto supormos, diferentemente dos gregos e romanos antigos, que antes do mundo havia o nada. Não, havia a matéria, havia a possibilidade, havia os deuses. Há um certo absurdo na concepção cosmogônica judaico-cristã de que nada havia e passou a existir porque uma divindade quis que assim fosse e, por isso, nos fez. Estou fazendo toda essa digressão para voltar a um ponto: quando Agostinho fala da predestinação – e que depois o mundo reformado vai tomá-la –, traz à tona uma indagação que é mais brutal do que o dilema do porco-espinho:* "Poxa, eu não pedi para nascer. Mas, se alguém fez com que eu nascesse e isso foi uma força fora de mim, pedi eu para sofrer?".

Karnal – No caso de Descartes, ele não pede para ter iluminação, mas sua formação o conduz a ela. Ele vai para a guerra, como você lembra, porque quer ter tranquilidade. Ele também quis ter tranquilidade na Suécia, quando foi dar aulas à **rainha Cristina**. Ele imaginava que falaria de geometria para uma déspota esclarecida, mas, num país frio, acabou morrendo.

Cortella – De pneumonia. Descartes é a negação da ideia de que Deus ajuda quem cedo madruga. Porque a rainha

---

* Metáfora criada pelo filósofo alemão Arthur Schopenhauer (1788-1860) – e que dá título a livro de Leandro Karnal publicado em 2018 –, conta que um grupo de porcos-espinhos tentava se proteger do frio pela aproximação uns dos outros, mas os espinhos faziam com que se afastassem. (N.E.)

Cristina, como você sabe, gostava de ter aulas logo cedo. Descartes acordava todo dia por volta do meio-dia quando vivia na Europa continental. A rainha queria aula às cinco da manhã. Ele ficou um mês dando aula para ela às cinco da manhã. Morreu em fevereiro de 1650 de pneumonia. Ou seja...

Karnal – ... quem acorda cedo fica doente.

Cortella – Na lógica cartesiana, acordar de madrugada num país como a Escandinávia, em geral, e na Suécia, em particular, é uma coisa. Deus nem sempre ajuda quem cedo madruga!

Karnal – Porque, na verdade, o germe não tem lógica ou moral. Ele não é um destino; é uma série de fatores. E se Descartes tivesse morrido em 1950, já haveria penicilina e ele seria um idoso professor na Universidade em Uppsala, provavelmente.

Cortella – Mas o ponto de partida de Descartes seria dizer: "Um dia tive uma epifania". A minha intriga em relação a isso é ter uma explicação que dê o sentido. Sempre que alguém me pergunta como eu me tornei o que sou, isto é, minha profissão, minha atividade, minha família, o lugar onde moro, eu tenho todas as explicações – olhando daqui para trás, como falávamos antes. Mas, às vezes, me perguntam se eu planejei tudo isso. Isto é, se criei uma rota. Quase nunca. O que eu fiz foi usar a Fortuna de Maquiavel, a ocasião, a circunstância com empenho, a decisão em algumas situações, e ali fiquei. Por exemplo, estou em São Paulo, que é a cidade onde moro há mais de meio século porque é aqui que fiz minha carreira. É aqui que tenho o melhor *hub* para me deslocar para outras cidades de avião, aqui tenho uma efervescência cultural. Isto é, é nesta turbulência que tenho a minha paz, tal como Descartes fincado na trincheira no exército dos Países Baixos. Portanto, esse tipo de escolha pode ser feita. Não há uma ausência de escolha, mas não tenho todas elas.

Karnal – Mas, independentemente da iluminação, da epifania que Descartes teve, que deu origem a todo o seu sistema filosófico, houve antes de tudo o esforço, a transpiração, o estudo sistemático do latim, o estudo sistemático da geometria e assim por diante. E pegando coetâneos como **Pascal** e tantos outros, independentemente de ser jansenista[*] ou católico, de buscar o apoio de reis, como **Voltaire** em **Frederico** ou Descartes em Cristina, existe o esforço anterior metódico, sistemático de aprender declinação. E, especialmente para dizer aos jovens, muitas vezes não existe nenhum destino, não existe nenhuma vocação, não existe nada

---

[*] Adepto da doutrina religiosa estabelecida pelo teólogo holandês Jansênio (1585-1638), com base em santo Agostinho, partindo do princípio de que a salvação seria concedida a algumas pessoas ao nascer e recusada a outras, não importando suas ações. (N.E.)

pré-escrito, mas, quando surge uma oportunidade, quanto mais bem preparado se estiver, mais essa oportunidade pode nos encontrar. Eu não sei sobre o meu futuro ou o seu, mas saber inglês ajuda bastante a ter acesso a uma bibliografia específica. Eu não sei sobre o futuro, não sei o que me trouxe aqui, mas ter o hábito de ler sistematicamente desde o momento em que fui alfabetizado até hoje, acordando cedo e lendo todos os dias, acho que isso deu uma força muito grande. E, para os jovens, eu digo: confie que possa existir inspiração, mas confie na transpiração.

Muitas vezes não existe nenhum destino, não existe nenhuma vocação, não existe nada pré-escrito, mas, quando surge uma oportunidade, quanto mais bem preparado se estiver, mais essa oportunidade pode nos encontrar.

Cortella – Essa transpiração, que pode resultar em algo que ultrapasse a inspiração inicial e que vá para longe do óbvio, é o que mais marca a procura da beleza para dar sentido à vida – e essa procura pode chegar ao inesperado. Não sei se Mozart, por exemplo, foi atrás de dinheiro ou de beleza. Ou se ele achou, na procura da beleza, a maneira de conseguir sua sobrevivência, de conseguir a possibilidade de ter condições de vida. Ainda assim, você e eu, por exemplo, caminhamos numa rota que não estava escrita, mas que não poderia ter sido perdida, tomando aquilo de que fala o fado, a música mais marcante de um país de que nós dois gostamos, que é Portugal.

O fado é sempre melancólico. O espírito lusitano parece, em vários momentos, melancólico. Ele parece ser, assim, aquele passado glorioso e exuberante, e que a gente não cumpriu – para usar uma expressão norte-americana, o Destino Manifesto. Essa noção de fadado, o destino, é difícil dela escapar. Eu até entendo quando você diz que a sua trajetória tem a ver com o que você leu desde que aprendeu a ler. Mas, por que Leandro Karnal e não outro?

Karnal – Acho que, em primeiro lugar, há muitos outros. Inclusive, muitos outros melhores.

Cortella – Mas não há nenhum outro Leandro Karnal.

Karnal – Não há. Mas também não há nenhum outro Mozart e nenhum outro Quasímodo.[*] Quer dizer, cada um na sua fealdade ou na sua busca pela competência foi único e irrepetível. Mas eu construí um sentido a partir de projeções de infância e adolescência. Esse sentido existe, mas não é muito explicável porque, se encontro raízes para o meu gosto pelo conhecimento na minha biografia, não encontro isso na carreira de um autor como **Machado de Assis**. Ele não tem o *physique du rôle*, não tem a biografia, a ancestralidade adequada para ser o fundador da Academia Brasileira de Letras

---

[*] Personagem corcunda do livro *Notre-Dame de Paris*, do escritor francês Victor Hugo (1802-1885), publicado em 1831. (N.E.)

e é o maior gênio em prosa da língua portuguesa. Machado de Assis é um bom exemplo para falar sobre como superar todas as determinações da Fortuna através de uma *virtù*. Mas ainda não responde à questão por que ele tinha essa *virtù*, por que buscou essa excelência. Em todo caso, compartilho com sua perspectiva, Cortella, de que a beleza subjetiva, autônoma, individual dá muito sentido à existência. A beleza daquilo que suponho que faço e que eu possa fazer. E que faz com que nós dois toleremos, por exemplo, todos os muitos *haters* que nos cercam, como cercam qualquer cabeça que se erga do meio do senso comum, com muitas e muitas acusações a partir de suas próprias dores. Ignorá-los e não fazer como Caravaggio, isto é, matar uma pessoa na rua por o criticar, é também uma escolha.

Cortella – Sim, é uma escolha. Machado de Assis serviu para me aterrorizar em alguns momentos. Eu, até hoje, não deixo de lê-lo sempre. Quando algum jovem, normalmente, me pergunta: "Professor, eu quero ser um escritor. Qual é o primeiro passo?", eu digo que leia Machado de Assis. E que o faça de modo contínuo. Aprendi essa lição com um professor meu no ensino médio que dizia que escrever bem é escrever como Machado de Assis. Mas nunca esqueça: Machado de Assis só escrevia bem porque ele escrevia como Machado de Assis. Isto é, como ele mesmo. Escrever como Machado de Assis não é repeti-lo; é fazer como ele fez, que foi ter um estilo. Isto é, ser ele mesmo naquela condição. Nesse sentido, ter a percepção de autoria. Ter a percepção daquilo que é ser dono do próprio nariz, dono da própria trajetória, mesmo que alguém diga que isso seja "até certo ponto". Temos uma série de variáveis a nossa volta, que não precisamos chamar de destino, não precisamos chamar de "trajetória fadada", nem de determinismo. Não controlamos tudo, mas tem algo que sim. E isso que você controla, controle. Isto é, seja dono do seu destino – embora essa ideia seja contraditória. Ser dono do próprio destino é negá-lo.

Karnal – É um oximoro porque, se é destino, eu não sou dono. Eu sou juridicamente, mas não existencialmente, dono do meu nariz. Não é, então, um problema acreditar que eu tenha ou não liberdade, mas sim a má-fé de atribuir a terceiros, a forças metafísicas que esse destino ocorra de determinada forma. O destino é mais do que impotente e menos do que onipotente, como eu já disse. E concordo com você: é preciso achar a própria voz. Então, leia muito Machado de Assis, leia muito **José de Alencar**, que tem um estilo marcante também, leia muito todas as pessoas que escrevem bem e que nos preparam tecnicamente para encontrar a nossa própria voz e ter consciência dela. Agora, ser um imitador de Machado é um destino terrível, porque você será pior. Ninguém pode ser melhor do que Machado. Só Machado pode ser Machado. Nem mesmo aqueles que vieram depois dele ou que morreram depois dele, como Fernando Pessoa, ou prosadores extraordinários posteriores a ele, como **Clarice Lispector**, não podem ser melhores do que Machado. Como Machado não pode ser melhor do que Clarice Lispector. Ninguém pode ser melhor como o outro. Mas pode encontrar sua própria voz através de um treino, como uma pessoa que reforça sua musculação para correr. O objetivo não é dominar a máquina, mas correr. E correr de acordo com a sua potência desenvolvida na máquina. Portanto, grandes autores são tecnicamente indispensáveis para eu melhorar. São grandes exemplos pessoais. Mas o problema de eu ler como funciona a cabeça de um gênio é que o gênio não leu esse livro. E ele não tem uma fórmula. Se eu perguntasse a Machado o que o levou até sua morte em 1908, eu não sei se ele teria uma resposta muito clara sobre isso.

Cortella – Provavelmente ele não teria. Mas poderia dizer: "Eu não consigo não escrever".

Karnal – Estudar línguas, ser sistemático, evitar vícios, buscar bons exemplos, desenvolver possibilidades que o levem a outras novas e não a becos sem saída faz com que você aumente a quantidade de probabilidades matemáticas para definir o que queira chamar de sucesso. Sucesso que é muito estranho.

Porque **Salieri** teve mais sucesso em vida do que Mozart, mas a posteridade deu a Mozart superioridade a Salieri. **Bach** morreu em 1750 como um grande organista. Só no século XIX **Mendelssohn** o recuperou como autor. Até então, quase ninguém tocava Bach. Tocava-se já seu filho, **Carl Philipp**, mas não o pai, Johann Sebastian. **Van Gogh** não vendeu quadros em vida, somente após a morte. **Espinosa** era um mediano lustrador de lentes, excomungado da comunidade judaica, morando em um sótão. E o que ele escreveu naquele cubículo mudou a maneira de pensar a ética, de pensar a Filosofia.

Cortella – E de pensar a alegria!

Karnal – Mas morreu como um polidor de lentes. Se fossem considerar seu dote como possibilidade para casamento, ele seria um fracasso absoluto.

Cortella – Uma frase antiga sem autoria diz que não vamos conseguir controlar a direção dos ventos, mas podemos reorientar as velas. Acho que, de fato, não controlamos a direção dos ventos. Isso está fora da nossa possibilidade. Mas podemos reorientar as nossas velas. E aí voltamos ao nosso general **Pompeu**. Navegar é preciso? Isto é, viver, a que se destina? Acima de qualquer coisa, a sermos capazes de poder fazer essa pergunta. Eu posso dizer que há um destino ou que não há. Mas sou eu que posso. Eu posso aceitar que há um destino e também aceitar que não o há, e essa é uma construção minha. Nesse sentido, a reafirmação do indivíduo, mesmo que construção histórica, tem uma admiração imensa. Tenho um gosto grande, ao voltar especialmente para a teologia judaica que você conhece e eu também, que é quando a divindade, ao se identificar, se coloca como alguém que não tem predicados.

Karnal – "Eu sou aquele que sou."

Cortella – "Eu sou o que sou", isto é, sem predicados. "Sou sujeito e verbo, sou sujeito e ação." Porque todo predicado é excludente. Eu sou professor. Portanto, dizer isso como minha identidade também pode querer dizer que não sou médico, não sou padeiro, não sou carteiro. O predicado é excludente. Essa percepção marcante de que sou alguém que não tem exclusão é uma impossibilidade para mim, só uma divindade poderia colocar-se nessa condição. Mas quando digo "eu sou Cortella" e alguém pergunta: "Você vive para quê?" – isto é, "por que você não tira a sua própria existência?" –, eu gosto novamente de Espinosa, que tem uma alegria no existir que não é só uma alegria, mas também não é ausência dela de modo contínuo. Eu não pedi para nascer, mas não quero sair.

Karnal – Não comprei o bilhete de embarque, mas a viagem está agradável.

Somos quem escolhemos ser

Cortella – A ideia de destino é tranquilizadora. Ela nos deixa mais serenos. Porque se cremos que alguém, fora de nós, anterior, superior a nós decide qual será a nossa rota, isso é muito mais adequado do que imaginar que precisamos fazer escolhas. Toda escolha implica responsabilidade e consequência. Por exemplo, se eu pergunto assim: "Karnal, onde você quer almoçar?". Aí você vira e me diz: "Você que sabe". Essa expressão "você que sabe", às vezes, é torturante. É tão bom dizer "você que sabe"! Mas é péssimo para quem ouve. Porque quem assume a escolha assume a responsabilidade e a consequência daquilo que está sendo escolhido. Por isso, é claro que o determinismo é reconfortante. Ele traz paz, aquilo que as religiões, de maneira geral, oferecem quando indicam rotas e caminhos para adentrar e seguir. Ter de assumir as próprias escolhas nos exige lembrar que toda escolha é uma abdicação. Quando escolhemos algo, estamos deixando de lado todo o restante. Por isso, nenhuma escolha, quando feita com

> **Ter de assumir as próprias escolhas nos exige lembrar que toda escolha é uma abdicação. Quando escolhemos algo, estamos deixando de lado todo o restante. Por isso, nenhuma escolha, quando feita com inteligência, é isenta de sofrimento.**

inteligência, é isenta de sofrimento. Não porque gostaríamos de ter todas as outras escolhas ao mesmo tempo. Mas porque, ao escolher, precisamos ficar numa rota, cuja consequência daquilo que ali acontece é nossa. Mas também precisamos imaginar: "Será que fiz a boa escolha?". Quando alguém faz por mim a escolha, ela será boa porque obedeci. É o senso do dever, isto é, vou fazer porque tenho que fazer. E é bom que eu faça. Portanto, é a submissão como forma de salvação da decência. Por outro lado, é claro, é difícil fazer as próprias escolhas e as ter que assumir. Uma das coisas mais sérias em relação às nossas condutas é quando decidimos que seremos assim porque *queremos* ser assim. É difícil. Porque, no campo da Sociologia, uma parte da explicação para isso viria daquilo que está, também, na nossa trajetória, no nosso entorno. Mas, pensando no que é a identidade, "eu assim quero ser". Mas eu não queria ser só assim e só desse único modo. E se eu fosse de outro modo, como seria eu? Provavelmente, pelo meu modo de ser, seria alguém que continuaria me perguntando como eu seria se tivesse feito outras escolhas. Porque sou inquieto.

Karnal – Essa inquietude o leva a ser exigente consigo e a buscar novas questões. Você poderia estar perfeitamente aninhado em um lugar onde se sentia feliz, realizado, recebia seu salário e era reconhecido como um bom professor da PUC. Mas você, desde muito cedo, buscou alternativas, almejou a ampliação disso. Como você lembrou que afirmo, toda escolha implica sempre deixar de lado outras escolhas. Todo nascimento implica um luto. Toda escolha contém abdicação. Toda escolha implica perda. Sempre. Quando você escolheu a sua esposa entre 3,5 bilhões de mulheres, Cortella, teve que abrir mão de todas as outras. Aquilo de que abrimos mão quase sempre é muito maior do que aquilo que recebemos. Podemos fazer como **Darwin**: uma lista de prós e contras para se casar com alguém, por exemplo. Darwin fez isso, listou mais prós e se casou. Aliás, foi muito feliz.

Cortella – No caso dele deu certo. E no meu também.

Karnal – Ou seja, ambas foram escolhas felizes. Agora, como ter certeza? Sempre se vai deixar algo de lado. Quando perguntamos, então, a que se destina a vida, a primeira fantasia a se abrir mão é aceitar o luto das escolhas não feitas.

Cortella – Gosto muito disso quando você lembra a noção de luto como sendo a perda consciente. Porque há algo que é o luto despreparado. Por exemplo, em relação às pessoas, a morte súbita; em relação aos afetos, a ruptura súbita; em relação ao emprego, a demissão súbita. Esse é o luto despreparado. Em relação à própria vida, às escolhas que se faz, acho que é necessário organizar esse luto e prepará-lo. Eu fiquei 35 anos na PUC-SP como docente. Saí de lá no ano de 2012. Eu sabia que viveria um luto, como vivi. Mas estava me preparando para isso desde 2009, quando tomei a decisão de que, ao completar esses 35 anos de carreira lá, iria me aposentar. Fui tomando atitudes que eram paulatinas, para que, quando o luto viesse, ele não fosse insuportável.

Nós sempre preferimos, em relação à morte de uma pessoa, que ela tenha uma agonia. Porque isso nos prepara. A morte súbita de alguém não só nos surpreende como nos irrita. Ela nos produz, estranhamente, um sentimento de raiva. O outro morre e dizemos: "Você não devia ter feito isso *comigo*". Nós queremos essa preparação. Acho que o que mais prepara o luto é a consciência em relação às perdas, e não em relação aos ganhos. Mesmo que eu tivesse a lista de Darwin em mãos, a lista dupla, de prós e contras, não teria dúvidas de que ele fez a boa escolha que queria fazer. Nós só o sabemos agora porque não sabemos quais foram as outras escolhas que ele não fez, ele não as relatou. Mas, ao olhar a lista dos contras, ao ter noção do que ele deixaria de ter, isso o serenou um pouco para que aquele outro lado da lista pudesse ser mais assumido. Quando temos a consciência de que há a perda e de que ela é inerente à necessidade do ganho, evidentemente, ali, temos uma condição muito maior de sossego. Quando você dizia que escolhi a Claudia, minha esposa, entre mais de 3,5 bilhões de mulheres possíveis, ao fazê-lo, escolhi também o tipo de Cortella que eu seria. Há uma frase que você já deve ter ouvido na vida, e que ouvi várias vezes porque já a disse também, que é a seguinte: "Você não era assim quando a gente começou". Nas vezes em que ouvi essa frase, mas não nas vezes em que a disse, sempre me lembrei de responder: "Bom, mas quando nós começamos, eu era sem você. E quando passei a ser com você, passei a ser de outro modo". Ao escolher alguém para viver junto comigo, preciso lembrar sempre que estou escolhendo também o tipo de Mario Sergio Cortella que poderei ser. Não estou só escolhendo outra pessoa; estou escolhendo a mim também. Quando escolhi a docência, a comunicação, a atividade de escritor, escolhi o tipo de Cortella que seria. Sem dar a isso o ar fantasioso de que somos aquilo que praticamos, embora também o sejamos, não podemos esquecer que a rota que caminhamos é a mesma na qual caminhamos dentro de nós.

Karnal – Alguns fazem a leitura da máxima de **Nietzsche** "torna-te quem és" como uma forma de encontrar uma essência que preexistiria à existência. Não acho que exista uma essência. Mas existem realidades muito práticas, por exemplo, no tipo de mulher que você escolheria, Cortella. E, como você bem lembra, a partir disso, no tipo de homem que você se tornaria. E no tipo de terceiro, que não depende de você nem dela, que é um "nós". Essa primeira pessoa do plural é fruto de algo que escapa ao controle dos dois e que é um dos grandes desafios do amor e da relação amorosa. Porque não é mais Cortella, não é mais Claudia, mas um "nós" que só existe enquanto os dois forem. E isso é muito transformador. É um espaço de negociação completamente diferente do que é o Cortella ou do que é a Claudia. Essas escolhas não são tão racionais cómo alguns querem. Não dependem tanto da vontade como grande parte da autoajuda diz. Nós não somos Deus, não instituímos realidades pelo pensamento. Podemos ficar em uma casa o dia todo dizendo "esse teto vai desabar" e ele não vai desabar. Porque a física não depende da nossa palavra. Não depende disso. Portanto, é muito importante lembrar que, se a palavra cria uma ação concreta que dirige para a execução de um objetivo, então ela é criadora. Mas a palavra em si cria apenas no capítulo 1 do Gênesis.

Cortella – Eu tenho uma dificuldade, Karnal, de lidar com o meu gosto de leitor. Gosto muito de ler biografias, principalmente que tenham a marca do contexto histórico etc. E a dificuldade que tenho nisso não é de lê-las, mas de imaginar o quanto a noção de uma pedagogia exemplar, isto é, "veja como eu fiz e você haverá de se inspirar", tem limites que são muito sérios. Eu gostava muito quando **Paulo Freire** lembrava algo. Ele dizia que fazer como Paulo Freire não é fazer o que Paulo Freire fez; é fazer o que ele faria se estivesse aqui, agora. Portanto, essa exemplaridade é inspiradora, não é imitativa. Escrever como Machado de Assis é fazer como ele faria se estivesse aqui, agora, não como ele fez no final do século XIX e começo do século XX. Essa exemplaridade, como sendo um meio de aprendizado, de conhecimento, traz exatamente esse limite de que nos lembrávamos. Quando eu, ao fazer uma escolha, estou escolhendo o modo como serei, isso não dá para mim a garantia de que será desse modo. Às vezes leio algumas obras que seriam inspiradoras, que teriam até essa finalidade – e eu mesmo não deixo de escrever algumas coisas que possam estimular pessoas –, e me lembro de uma frase de Nietzsche em que ele diz: "Trouxestes os vossos leões do Pireu até aqui apenas para nos mostrar que o Pireu não é aqui?".* Então, nesse sentido, nesse discurso do "assuma o seu destino", "pegue a sua taça e carregue", "vá na sua jornada", acho que o "veja como fez Fulano ou Fulana" tem pouca marca. Por quê? Vou insistir: eles só fizeram isso porque fizeram de acordo com aquilo que entendiam como sendo a rota deles.

Karnal – Há uma velha piada americana em que um professor universitário, irritado com um aluno preguiçoso, diz: "Com a sua idade, **Lincoln** era advogado". E o aluno responde: "E com a sua, era presidente da República". Nós somos sempre um fracasso de muitas possibilidades.

Cortella – Por comparativo, sim.

Karnal – O que eu gosto nas biografias em relação a este nosso tema, "a que será que se destina a nossa existência", é que aprendemos que a vitória está, como ensina Darwin, nas espécies que se adaptam, e não nas mais fortes. Não é o orgulhoso mastodonte ou o astuto tigre-de-dentes-de-sabre

---

* Trecho de *Assim falou Zaratustra*. (N.E.)

que sobrevive, e sim os pequenos mamíferos, que são mais ágeis ou menores. Por exemplo, **Charles de Gaulle**, um homem que enfrentou a Alemanha nazista, foi para o exílio e na volta pensou: "Em quem vou fundar a felicidade e a prosperidade da França?". Na época, na aliança com o governo **Adenauer** e com a Alemanha Ocidental. Ou seja, Charles de Gaulle e Adenauer entenderam que os velhos inimigos tinham que mudar o sentimento porque o momento era outro. Isso se aprende em biografia. A vitória está em quem é capaz de se adaptar, quem é capaz de entender que imitar Jesus não é usar túnica ou manto – isso é imitar a moda do século I na Palestina ocupada. Imitar Jesus não é deixar crescer a barba. Quando separamos significado de significante, entendemos que seguir um grande modelo não é repetir a vida daquela pessoa. Mas, a partir dela, como adaptar a uma existência única, que é a de cada um de nós, alguns valores e princípios? Veja, Napoleão nasceu fora da área *coeur* da influência francesa. Ele foi para Paris, estudou lá. O que indicaria que ele seria Napoleão Bonaparte? Não adianta querer que o filho estude na Escola Militar de Artilharia do Campo de Marte, porque não há uma Revolução Francesa que faça surgir um novo Napoleão. Mesmo que seu filho seja mais capaz do que

> **Seguir um grande modelo não é repetir a vida daquela pessoa. Mas, a partir dela, como adaptar a uma existência única, que é a de cada um de nós, alguns valores e princípios?**

Napoleão na mesma balística que o transformou no herói de Toulon e, na sequência, general. É preciso uma historicidade com a qual a inteligência possa dialogar. Mas ser inteligente não é copiar a cena, o exterior, a aparência, e sim emular a capacidade de dar respostas únicas. Ou seja, ao imitar Machado de Assis, que você tão bem citou, Cortella, querer se tornar completamente diferente dele.

Cortella – É a noção de autenticidade, do eu coincidindo comigo mesmo. Há uma outra ideia de Nietzsche, presente em *Além do bem e do mal*,* que gosto sempre de trazer à tona porque acho apavorante. E o tema desta reflexão traz isso às vezes. Nietzsche dizia: "Quem combate monstruosidades deve cuidar para que não se torne um monstro. E se você olhar longamente para um abismo, o abismo também olha para dentro de você". E o tipo de resposta que se dá ao abismo possível, que pode ser externo ou interno – para usar uma expressão antiga, que a Filosofia tanto trabalhou em várias dimensões, o seu "oco interior" –, ele significa algo que tem uma positividade. Quando vou atrás da leitura de biografias, gosto de saber como algumas pessoas lidaram com os seus abismos. Não porque, como dizia, quero imitá-los, mas porque quero inspiração em relação ao modo como fizeram algumas coisas. Eu entendi muito mais sobre Jesus de Nazaré na ficção

---

* Publicado em 1886. (N.E.)

criada por **Saramago** no seu *Evangelho segundo Jesus Cristo*[*] do que quando li outras coisas. E Saramago era um ateu. Há um momento no livro de Saramago em que nunca imaginei que eu fosse chorar, não só pela beleza literária, que é quando Jesus acompanha a morte do pai, José. Quando Jesus chora na narrativa de Saramago a morte de José, o choro que ele carrega é o choro de um filho que chora o pai, é um choro universal. Ele não é um choro exclusivo de Jesus, não é um choro exclusivo de um palestino do século I; é um choro universal. Essa universalidade significa que eu tenho uma história, mas ela está entremeada com todas as outras histórias. Não há uma biografia minha, Cortella. É por isso que brinquei antes: eu não nasci em 1954. Esse é o ano do meu registro civil do ponto de vista legal. Mas existe toda uma história anterior a mim que me fez a partir de 1954. Sem abstrair em excesso, há muitas outras histórias que compõem a minha e que, ao pegá-la como se fosse um bastão numa corrida em 1954, levei adiante. Minha dificuldade é imaginar onde tenho que deixar esse bastão...

Karnal – Com isso você quer dizer que seu ancestral que assassinou um arcebispo na Itália do século XIII está presente aqui em potência e ato.

Cortella – Sem que eu tenha o mesmo desejo ou alguma razão para fazê-lo. Essa história que você retoma está registrada

---

[*] Romance publicado em 1991. (N.E.)

no arquivo histórico local de Corteno Golgi, no norte da Itália, e faz, de fato, menção a um determinado Cortella (um dos primeiros, talvez) que matou o religioso e, tendo de dali fugir, foi para Madagascar. E uma das coisas boas é supor que não sou obrigado a repetir o que meus ancestrais fizeram. Quando se diz que quem sai aos seus não degenera, às vezes, quem sai aos seus não se regenera. Vez ou outra se diz que **Freud** usou uma expressão que pode ser sintetizada com esta ideia: "Biologia é destino". Não é uma frase que apareça nitidamente na obra dele, mas há uma certa percepção possível. "Biologia é destino" significa que há algo em nós que é imutável. A própria ciência tem dificuldade em dizer que perturbações mentais, aquilo que são os transtornos mentais, sejam inelutáveis. Não entendo muito bem disso, mas já li várias vezes, quando se descreve um psicopata, alguém que age sem ter nenhum tipo de remorso, arrependimento, que ele não teria como não agir daquele modo. Eu posso chamar isso de destino. Mas um destino biológico.

Karnal – Só que isso depende da nossa concepção de crime e consciência. Porque, hoje, ser psicopata ou ter qualquer outro transtorno é um atenuante no crime. Na Idade Média, não. Não importava se fosse uma criança de dez anos ou alguém num ataque de esquizofrenia que matasse outra pessoa. Porque se julgava a partir da vítima, não do assassino. A nossa distinção de doloso e culposo seria inútil na Idade

Média, porque o resultado era a vítima. Não importaria se uma carruagem atropelasse uma pessoa querendo ou não. Porque aí valia o posterior **Newton**, massas em choque e resultado, e não a intenção.

"Eu, por mim"

Karnal – Você tocou no exemplo das biografias e fico imaginando quem compôs na minha cabeça a figura de Jesus de Nazaré. Obviamente, os quatro Evangelhos – meus preferidos são Lucas e João. Talvez exista uma base nos apócrifos – Evangelho Árabe da Infância e outros. Vi, muitas vezes, o filme de **Zeffirelli** *Jesus de Nazaré*.* Colaboraram as encenações na escola da vida de Jesus. Houve as biografias – você citou a de Saramago e eu coloco mais uma, em outro aspecto político, que me marcou: **Plínio Salgado** e a sua biografia de Jesus,** cuja cena da ascensão eu acho uma das coisas mais bem escritas da língua portuguesa até hoje. A junção de tudo isso – de integralistas a comunistas, de Plínio Salgado a Saramago, mais a minha formação, mais toda a iconografia de Jesus – formou dentro de mim o imaginário de quem foi Jesus de Nazaré. Que dialoga com coisas dentro de mim. Isso funciona para tudo. É claro que peguei um caso mais amplo – Jesus –, que tem mais registros. Mas a biografia que invento – no sentido não negativo da palavra "invenção" – do meu pai, por exemplo, vai determinar que partes dele vou resgatar para explicar a minha vida. Ou que continuidade de partes vou omitir,

---

* Lançado em 1977. (N.E.)
** *Vida de Jesus*, livro publicado em 1942. (N.E.)

que partes vou esconder. Portanto, isso tudo é uma escolha. E, desde o início, nós dissemos que a liberdade nos assusta. Queremos que o outro escolha. É por isso que os casamentos arranjados costumam ter um índice de realização maior do que os casamentos por amor. Porque, se não houve uma escolha nossa, se foi uma casamenteira que aproximou duas famílias de uma mesma casta ou de um mesmo grupo social, não temos essa responsabilidade e vamos descobrindo a possibilidade. Se a paixão é o único motor da nossa escolha existencial do amor, a paixão se esgota com uma rapidez impressionante. E aí teremos que assumir que, não existindo mais o capital inicial que supúnhamos ter, está na hora de desfazer a sociedade.

Cortella – Isso é bem decisivo e dá a impressão, às vezes, de que a minha escolha é *minha*. E é interessante que a frase que a gente diz muito – "eu, por mim" – produz uma cisão curiosa. Ora, por que esse tipo de pleonasmo? Por que esse tipo de reforço enfático?

Karnal – Ou "eu, por si" ou "eu, por nós"... [*Risos*]

Cortella – "Eu, por mim" – qual seria a outra possibilidade de eu? Mas eu acho que, quando você levanta essa multiplicidade de fontes que fazem Karnal, ela é sim o "eu, por mim". Será que existe um eu mais puro que sou eu abstraído de todo esse conjunto de variáveis que me compõem, que me inventam? Existe o meu pai, ele mesmo, e o meu pai, que eu criei? E a criação que ele fazia dele? Ou que minha mãe dele faz e fez? É outra lógica. Nós gostamos muito até de usar um gesto, apontando as duas mãos para dentro do peito, quando dizemos "eu, por mim". E ainda curvamos um pouco os ombros, para aquilo ficar mais oco: "Olhe, eu, por mim, aqui dentro de mim...". Como se houvesse um local, quase como uma catacumba do ponto de vista da nossa liberdade, onde estaríamos guardados. Ali, residiríamos nós. Dizemos: "Você não me conhece. Você vai ver. Você não sabe do que sou capaz". A pergunta é se nós sabemos do que somos capazes. Mas, ainda assim, lá dentro, "lá no meu fundo" ou, de novo Nietzsche, nesse abismo "que eu olho, onde moro, onde resido", esse é um eu puro, um eu autêntico.

Karnal – Usando uma metáfora rizômica, se tirarmos a casca do que Cortella e Leandro mostram para o mundo, ou seja, a nossa face teatral; se tirarmos a casca do que Cortella e Leandro fazem na intimidade, do que guardam da infância, do que pensam de mais profundo ou de mais superficial, de mais filantrópico ou de mais misantrópico, ao final, como uma cebola, não teremos nada. Porque somos a soma de todas essas cascas. É muito importante, então, lembrar que eu fingindo continuo sendo eu. E que o meu eu está presente no fingimento, como Fernando Pessoa adverte, ao dizer que o poeta é um fingidor que chega a fingir que é dor a dor que deveras sente. Bom, mas a grande questão é, de fato, afastar a ideia de que existe um "eu" mais essencial. E isso aparece quando alguém diz – e que eu escuto com frequência – "mas esse é o Leandro racional. Onde está o Leandro afetivo?". O meu cérebro não me pertence? E alguma emoção minha não passa pelo córtex cerebral? Não passa pelo cérebro? Ou eu posso ser algo que não seja o cérebro? E a consciência que tenho das coisas? Sentimentos, explosões, como ódio, amor, inveja, tudo isso vem da mesma região cerebral. O coração continua com sua função. Como eu já respondi a uma pessoa que me perguntou "o que você tem no coração?", espero que aurículas e ventrículos, artérias e veias, e assim por diante.

Cortella – Tenho um exemplo ótimo dessa questão da autenticidade e até de que continuamos sendo nós mesmos quando fingimos. Uma vez coordenei num programa de TV uma conversa sobre a loucura. Os dois dialogadores eram **Contardo Calligaris** e **Paulo Autran**. E eu comecei o programa perguntando a Contardo: "Você acha que Paulo Autran é louco porque ele é tão mais ele mesmo quanto mais ele deixar de sê-lo sendo a personagem que ele está representando? Se a loucura é, exatamente, a ausência da razão de si, quanto menos Paulo Autran for Paulo Autran, mais Paulo Autran ele será?". Contardo respondeu: "Sem dúvida. É uma forma de loucura, inclusive, porque ele não seria o ator que é se louco não fosse". Ele não disse isso a mim apenas. Ele disse isso, de uma maneira inteligente, num programa de TV e ao próprio Paulo Autran. E é interessante porque a percepção sobre demência, sobre desrazão, tudo aquilo que **Foucault** estudou com intensidade, marca um pouco essa percepção de que a loucura pode ser uma escolha, não só uma perturbação. Às vezes, a ciência trabalha com a noção de um transtorno incontrolável. Eu nem tinha essa percepção que você levantou antes, de que a ideia de doloso e culposo é algo muito mais da modernidade, do contemporâneo. Não imaginava que não existia esse conceito em tempos anteriores. Mas, quando eu digo que a desrazão é uma forma de prática da racionalidade de um outro modo e que essa pode ser uma escolha, significa que ela pode ser curável. Ou que a conduta possa ser reinventada naquele modo. Na sua suposição, haverá algum momento em que se diga: "Mas o Cortella está fora de si"? Há algum momento em que o Leandro fica fora de si?

Karnal – Bem, essa ideia tem o pressuposto de que o meu eu possa ser deslocado do meu eu. Ou que eu possa ser o que não sou. E isso tem várias implicações. A primeira é que, normalmente, eu esteja em mim. E a afirmação de que eu esteja em mim pressupõe, de novo, essência, centralidade, uma ideia de um imo do ser onde residiria o verdadeiro Leandro. Acontece que o Leandro gritando irritado ou lendo calmamente uma poesia é o mesmo Leandro em situações fenomenológicas distintas. Mas a ideia de que eu estaria fora de mim é, geralmente, a recusa em aceitar ou a minha animalidade ou o meu egoísmo ou a minha sexualidade. "Nossa, fui atacado por um sentimento" – ninguém é atacado. O sentimento não avança contra nós como se fôssemos uma cidadela fortificada com catapultas onde resistimos. Cedemos porque queremos. Em situações em que não há uma doença mental devastadora, os meus ataques e as minhas tranquilidades são Leandro tão igualmente. Eu sou tão louco na luxúria quanto na castidade, infringindo ou cumprindo o sexto mandamento. Honrando pai e mãe – quarto mandamento – ou tendo na infância uma profunda vontade de que meu pai ou minha mãe morresse para eu estar mais livre.

Cortella – De vez em quando...

Karnal – De vez em quando. E ressuscitassem quando úteis à minha intenção. Isso é reconhecer-me múltiplo. É reconhecer-me multifacetado e rizômico, sem um centro essencial que me ajuda no meu equilíbrio psíquico. E reconhecer que o Leandro irritado não é um Leandro extra ou perturbado, mas é tão autêntico quanto o Leandro que eu gostaria que fosse sempre: um filósofo estoico, tranquilo, seguindo os conselhos de **Marco Aurélio** nas meditações e caminhando tranquilamente.

Cortella – Você sabe que Marco Aurélio era uma ambiguidade caminhante. Porque, se há algo que ele não podia ser, a menos que escapasse da sombra de Sêneca, era estoico. Ninguém estoico sendo declararia guerra contra os germanos...

Karnal – ... ou teria um filho como **Cômodo**.

Cortella – É interessante porque esse distanciamento entre o pensador Marco Aurélio e aquilo que ele fez como gestor, como imperador é uma marca daquilo que é possível. Eu acho que o estoicismo foi para Marco Aurélio – essa é uma visão olhando bem de fora e longe dele – uma prática de serenamento daquilo que era ação que ele fazia. Agora, vou ser herético em relação a Marco Aurélio de propósito: ele era um estoico porque esse era o único modo de achar que o que fazia era correto de ser feito. Nesse sentido, muitas vezes, o estoicismo é algo que coloca uma calmaria numa vida de turbulência. O cristianismo já foi colocado em vários momentos como sendo uma ramificação estoica.

Karnal – Mas o que ajuda a explicar que Marco Aurélio estoico tenha tido um filho como Cômodo? Que um monstro como Hitler tenha sido muito afetivo com **Eva Braun** e seus cachorros? Que um assassino possa ser um bom pai de família? Que um bom pai de família possa ser corrupto também? Que não se tenha um ser inteiramente virtuoso nem inteiramente corrupto? E que, segundo a descrição de **Hannah Arendt**, **Eichmann** era um homem tranquilo? Eichmann era um bom vizinho, um homem sem nenhum impulso destrutivo e que cumpriu o que achava que tinha que cumprir: uma terrível missão genocida. Da qual ele nunca se arrependeu. Apenas dizia que cumpria ordens. Apenas dizia isso até morrer em

Jerusalém. Ou seja, entender que o destino da vida é múltiplo, que as escolhas implicam perdas, que a potência de tudo está contida a cada curva da estrada, que eu sou eu e minhas circunstâncias e que é possível interferir, mas não no grau de um ser todo-poderoso, isso deveria nos tornar um pouco mais perfectíveis, um pouco menos vaidosos da perfeição e, acima de tudo, menos duros no julgamento de quem tem defeitos que não consigo exercer por culpa ou porque minha repressão não permitiu, mas em relação aos quais tenho desejos profundos.

Cortella – Há uma grande admiração provocada pelo pervertido: primeiro, a coragem e, segundo, o exercício de algo que se deseja!

Karnal – Sem sombra de dúvida. E é por isso que as pessoas leem *Lolita*.* Exatamente para se escandalizar com aquilo que desejam.

---

* Romance publicado em 1955 pelo escritor russo Vladimir Nabokov (1899-1977), narra a obsessão de um homem de meia-idade por uma menina de 12 anos. (N.E.)

Cortella – Ou, como é o meu caso, as *Reinações de Narizinho*,* que li aos seis anos de idade. É um livro que tem uma marca brilhante daquilo que é a inventividade. Especialmente a expressão "reinações", que, durante a minha primeira infância toda, assediou a minha cabeça em relação a quais seriam de fato as reinações de Narizinho. Aqui, o rei sou eu. E é interessante essa ideia de que "o rei sou eu" ou de ser chamado em algum lugar de "meu rei". Às vezes, quando no campo do afeto me dizem "você é meu príncipe", eu brinco: "Para que me rebaixar? Por que me colocar no segundo patamar? Já me chame de imperador".

Para fechar nossa conversa, eu queria dizer que ainda não sei a que se destina viver. Mas não me conformo que não haja alguma coisa que eu possa inventar para isso e que queira seguir. Porque, aí, vou seguir não o meu coração no sentido de olhar lá para dentro – "eu, por mim" –, mas aquilo que achar belo. Essa perspectiva de uma vida que carrega a possibilidade de não ser inútil, descartável pode ser só uma invenção. Mas é a *minha* invenção. Sem ser egoísta nem solipsista, isso para mim é bom demais!

Karnal – Eu também tenho tentado evitar o solipsismo, Cortella, e pensar que a invenção é minha, mas ela é produtiva,

---

* Livro de Monteiro Lobato (1882-1948) publicado em 1931, é composto de várias histórias que tornaram conhecidos os personagens de Narizinho, Emília, Dona Benta, Tia Anastácia, entre outros que viriam a formar a série do *Sítio do picapau amarelo*. (N.E.)

feliz e bela. Para mim e para algumas outras pessoas. E, considerando as pessoas que possam me odiar, olho para elas e penso: "Que bom, já pensou se essa pessoa me amasse?". Até no ódio, acho que não escapamos da vaidade... Viver é um desafio contínuo e eu acho que nós temos de encarar também as perguntas com poucas ou nenhuma resposta. A principal, talvez, seja sobre sentido.

Cortella – É por isso que, em 2017, quando uma revista me entrevistou sobre essa questão, o sentido da vida, uma pergunta bastante recorrente a quem é da área da Filosofia, respondi que um dos sentidos é abrir a porta e a janela para o sol entrar. O sol não entra o tempo todo, não entra por todos os lados. Mas há momentos em que ele entra. E, nessas horas, a gente tem que ter disponibilidade para permitir que isso aconteça. Como? Tendo clareza do que falavam nossos avós: não há mal que sempre dure, nem bem que nunca se acabe. Há uma alternância na natureza em que a um inverno inclemente sucede uma primavera vicejante. São ciclos. Não significa fingir que tudo está bem, mas, quando as coisas bem estão, deixar que cheguem, e, quando bem não estão, enfrentá-las com serenidade, persistência, paciência e inteligência. Há pessoas que se rendem com muita facilidade ao escuro. Mas o escuro faz parte e, como bem dizia **Nelson Cavaquinho**, "o sol há de brilhar mais uma vez". É preciso deixar fluir em nós aquilo que faz com que a vida não seja desperdiçada. Afinal, como dizia seu conterrâneo gaúcho, **Aparício Torelly**, autointitulado Barão de Itararé, na frase dele mais funda, para mim, "o que se leva desta vida é a vida que a gente leva" – embora eu prefira também quando ele nos avisava: "Dize-me com quem andas e eu te direi se vou contigo"...

GLOSSÁRIO

Adenauer, Konrad (1876-1967): Ex-chanceler alemão, ocupou o cargo em 1949, sendo responsável pela reconstrução da Alemanha Ocidental após o fim da Segunda Guerra Mundial e pela consolidação da democracia no país.

Agostinho (354-430): Nascido Agostinho de Hipona, foi um bispo católico, teólogo e filósofo latino. Considerado santo e doutor da Igreja, escreveu mais de 400 sermões, 270 cartas e 150 livros. É famoso por sua conversão ao cristianismo, relatada em seu livro *Confissões*.

Alencar, José de (1829-1877): Um dos mais notáveis escritores brasileiros, ficou conhecido por seus romances de temáticas indianistas, regionais e históricas, como *Iracema* e *O guarani*.

Arendt, Hannah (1906-1975): Filósofa política alemã nascida em uma família judaica, estudou nas universidades de Koniberg, Malburg, Freiburg e Heidelberg. Em decorrência da perseguição nazista, mudou-se para os Estados Unidos em 1941, onde escreveu grande parte de suas obras, além de lecionar. Sua filosofia baseia-se na crítica à sociedade de massas e à sua tendência de atomizar os indivíduos. Dentre numerosas obras, destacam-se *Origens do totalitarismo*, *A condição humana* e *Eichmann em Jerusalém: Um relato sobre a banalidade do mal*, que traz a cobertura do julgamento do oficial nazista Adolf Eichmann.

Aristóteles (384 a.C.-322 a.C.): Nascido em Estagira, na Macedônia, é considerado um dos maiores pensadores de todos os tempos e figura entre os expoentes que mais influenciaram a cultura ocidental, tendo deixado um importante legado nas áreas de lógica, física, metafísica, da moral e da ética, além de poesia e retórica. Acreditava na existência de um motor imóvel, um primeiro movimento responsável por fazer mover todas as coisas.

Autran, Paulo (1922-2007): Ator carioca, participou de várias novelas e peças de teatro. Entre seus trabalhos mais conhecidos na TV estão *Guerra dos sexos*, em que protagonizou ao lado da atriz Fernanda Montenegro a icônica cena do café da manhã, em que um personagem joga comida no outro, e *Sassaricando*.

Bach, Carl Philipp (1714-1788): Um dos 14 filhos do compositor alemão Johann Sebastian Bach, dentre seus irmãos foi o que mais obteve sucesso na música. Contribuiu significativamente para o desenvolvimento da sonata clássica, introduzindo algumas inovações de forma. Deixou vasta obra como compositor.

Bach, Johann Sebastian (1685-1750): Músico instrumental alemão, era bastante reservado e dedicava a maior parte de seu tempo à produção de suas obras. Compôs várias sonatas em estilo barroco, sendo o órgão seu instrumento favorito. É tido como um dos maiores organistas de todos os tempos.

Barros Filho, Clóvis de (1965): É doutor em Ciências da Comunicação pela Escola de Comunicações e Artes da Universidade de São Paulo (USP), onde obteve livre-docência. Palestrante há mais de dez anos no mundo corporativo, é autor de vários livros sobre filosofia moral, entre eles *Ética e vergonha na cara!*, em parceria com Mario Sergio Cortella, e *Felicidade ou morte*, com Leandro Karnal.

Benjamin, Walter (1882-1940): Ensaísta e crítico literário judeu-alemão, foi um dos teóricos da Escola de Frankfurt. Com a ascensão do nazismo, refugiou-se em Paris, mas após a invasão da França pela Alemanha, temendo ser entregue à polícia nazista, suicidou-se. Dentre as obras que deixou, destaca-se *A obra de arte na era da sua reprodutibilidade técnica*.

Bloch, Marc (1886-1944): Nascido na França, é considerado um dos maiores historiadores do século XX. Defendia que a História não era apenas uma sequência de acontecimentos passados, estimulando uma maior reflexão sobre a relação entre homem, sociedade e tempo. Judeu e militante da resistência francesa, foi detido e morto pela polícia alemã durante a Segunda Guerra Mundial.

Bonaparte, Napoleão (1769-1821): General francês, governou o país de 1799 a 1815. Invadiu grande parte da Europa, no intuito de consolidar um império europeu regido pela França. Após um fracassado ataque à Rússia, foi obrigado a se exilar. Ainda retornou à França com seu exército, iniciando um governo de Cem Dias, mas, derrotado pelos ingleses na Batalha de Waterloo, foi para o exílio novamente, onde morreu.

Bossuet, Jacques (1627-1704): Orador sacro nascido na França, adquiriu fama por seus sermões, sendo indicado para fazer as orações fúnebres de membros da família real e de personalidades.

Braun, Eva (1912-1945): Companheira de longa data de Adolf Hitler, ficou casada com o ditador alemão por algumas horas apenas, tendo se suicidado com ele na sequência, após a derrota da Alemanha na Segunda Guerra Mundial.

Callas, Maria (1923-1977): De origem grega, nasceu nos Estados Unidos e é considerada uma das maiores sopranos da história, celebrada não apenas por seu alcance vocal como por sua habilidade cênica. Intensa nos palcos e na vida, eram frequentes seus desentendimentos com colegas e diretores. Teve um turbulento romance com o armador grego Aristóteles Onassis, que a abandonou para se casar com a ex-primeira dama americana Jacqueline Kennedy, fato que abalou a cantora profundamente.

Calligaris, Contardo (1948): Italiano radicado no Brasil, é psicanalista, escritor com vários livros publicados e dramaturgo. Desde 1999, assina uma coluna no jornal *Folha de S.Paulo*.

Camus, Albert (1913-1960): Escritor argelino, é um dos representantes mais importantes do existencialismo francês. Filósofo, foi professor e jornalista. Algumas de suas obras mais conhecidas são: *O mito de Sísifo*, *A queda*, *O estrangeiro* e *A peste*.

Caravaggio (1562-1609): Nascido na Itália, é considerado um dos pintores mais originais da história da arte, figura marcante do período barroco. Retratou modelos reais em suas pinturas, sem se preocupar com os conceitos de beleza e feiura, expondo a deformidade em cenas provocantes. De temperamento explosivo, envolveu-se em brigas e discussões. Em uma delas, matou outro homem, tendo que se exilar de Roma, onde vivia.

Carpeaux, Otto Maria (1900-1978): Ensaísta e jornalista austríaco naturalizado brasileiro, aqui chegou fugindo da ascensão do nazismo. Foi diretor de bibliotecas e trabalhou no jornal *Correio da Manhã*, onde escrevia sobre política, tendo sido forte opositor do regime militar. É autor do clássico *História da Literatura ocidental*, em que faz uma análise crítica da Literatura desde Homero até autores da década de 1970.

Cícero, Marco Túlio (106 a.C.-43 a.C.): Advogado, filósofo estoico, senador e escritor romano, foi o maior dos oradores e pensadores políticos romanos e o que mais influenciou os oradores modernos. São famosas suas *Catilinárias*, quatro violentos discursos pronunciados no senado contra Lúcio Sérgio Catilina, chefe de uma conspiração. É autor de extensa obra que compreende discursos, tratados filosóficos e retóricos, cartas e poemas.

Cleópatra (69 a.C.-30 a.C.): A mais famosa rainha do Egito, assumiu o poder em 51 a.C., após a morte do pai. Extravagante e sedutora, era também muito culta. Falava várias línguas e, estrategista, uniu forças políticas com dois líderes romanos: Júlio César e Marco Antônio, tendo também sido amante de ambos. Atribui-se a ela grande importância nos acontecimentos que culminaram na criação do Império Romano.

Cômodo (161-192): Imperador romano, filho de Marco Aurélio, esteve no poder de 180 a 192, após a morte do pai. Cruel, egocêntrico e abusivo, é tido como um dos piores governantes que já existiram. Tinha comportamentos excêntricos e violentos. Morreu estrangulado, vítima de uma conspiração.

Darwin, Charles (1809-1882): Biólogo e naturalista inglês, suas observações da natureza levaram-no ao estudo da diversidade das espécies e, em 1838, ao desenvolvimento da teoria da seleção natural. Em sua obra *A origem das espécies*, de 1859, apresenta a teoria da evolução das espécies a partir de um ancestral comum.

De Gaulle, Charles (1890-1970): Foi presidente da França entre 1959 e 1969, tendo sido general das Forças Francesas Livres durante a Segunda Guerra Mundial, com papel de destaque na recuperação da democracia daquele país na década de 1950. Suas ideias políticas ficaram conhecidas como gaullismo e ainda têm forte influência sobre os estudos políticos contemporâneos.

De la Taille, Yves (1951): Nascido na França, desde criança vive no Brasil. Professor de Psicologia do Desenvolvimento Moral na USP, é um dos especialistas mais respeitados do país nessa área. É coautor dos livros *Nos labirintos da moral* (com Mario Sergio Cortella) e *Indisciplina na escola*, e autor, entre outros, de *Limites: Três dimensões educacionais* e de *Formação ética: Do tédio ao respeito de si*.

Demócrito (460 a.C.-370 a.C.): Filósofo e cientista grego, ficou conhecido por desenvolver o atomismo, teoria que sustenta que a matéria não é infinita, mas sim composta por partículas indivisíveis denominadas átomos. Como materialista, buscava compreender as circunstâncias que levam a determinado evento, de modo que era importante entender a mecânica do mundo.

Demóstenes (384 a.C.-322 a.C.): Orador grego, é considerado o maior da Antiguidade. Como era gago, conta-se que fazia exercícios para superar essa condição colocando pequenas pedras na boca. Usou seus discursos na defesa de Atenas ante os avanços da Macedônia.

Descartes, René (1596-1650): Filósofo e matemático francês, por vezes chamado de "o fundador da Filosofia moderna", é considerado um dos pensadores mais importantes e influentes da história do pensamento ocidental. Inspirou contemporâneos e várias gerações de filósofos posteriores. Sua mais célebre obra, *Discurso do método*, foi publicada em 1637 na França.

Eichmann, Otto Adolf (1906-1962): Oficial do exército alemão, foi responsável pela deportação de milhares de judeus para campos de concentração durante a Segunda Guerra Mundial. Com a derrota do nazismo, fugiu da Alemanha e viveu com documentos falsos até ser pego pelo serviço secreto israelense na Argentina em 1960. Declarou-se inocente, alegando que havia apenas cumprido ordens. Foi condenado à morte por enforcamento após julgamento que durou um ano, relatado por Hannah Arendt no livro *Eichmann em Jerusalém: Um relato sobre a banalidade do mal*.

Einstein, Albert (1879-1955): Físico e matemático alemão, radicado nos Estados Unidos, sua Teoria da Relatividade modificou definitivamente as ideias a respeito do espaço, do tempo e da natureza do universo. Recebeu o prêmio Nobel de Física em 1921.

Epicuro (341 a.C.-270 a.C.): Filósofo grego do período helenístico, seu pensamento foi muito difundido, e numerosos centros epicuristas se desenvolveram no Egito e em Roma. Representa a busca por uma filosofia prática, essencialmente moral, tendo por objeto central a felicidade do ser humano.

Espinosa, Baruch (1632-1677): Filósofo racionalista holandês, nascido numa família judaico-portuguesa, fundou o criticismo bíblico moderno. Sua obra mais importante, *Ética demonstrada à maneira dos geômetras*, mais conhecida como *Ética* de Espinosa, busca na metafísica um tratado sobre ética pautado no método geométrico, que apresenta uma teoria da felicidade humana construída de forma sistemática e cartesiana.

Ferdinando, Francisco (1863-1914): Arquiduque herdeiro do Império Austro-Húngaro, foi morto, juntamente com sua esposa, por Gavrilo Princip, estudante sérvio-bósnio separatista, durante visita oficial a Sarajevo, capital da Bósnia. Seu assassinato foi o estopim para o início da Primeira Guerra Mundial, com a declaração de guerra da Áustria à Sérvia.

Filipe II (1527-1598): Rei da Espanha e de Portugal durante a União Ibérica, unificação dos reinos dos dois países após o desaparecimento de dom Sebastião, teve um dos mais extensos impérios da história, reinando sobre as colônias ultramarinas portuguesas e estendendo as fronteiras das colônias espanholas nas Américas.

Foucault, Michel (1926-1984): Filósofo francês, dedicou-se a discutir o conceito de loucura, tendo em vista que sua referência varia conforme a época, o lugar e a cultura. Foi também um analista agudo do poder em todas as suas formas. *História da loucura na idade clássica*, *As palavras e as coisas*, *A arqueologia do saber* e *Vigiar e punir* são algumas de suas obras.

Frederico (1712-1786): Frederico II, também chamado de Frederico, o Grande, foi rei da Prússia de 1740 até sua morte. É descrito como um grande líder militar, além de ter promovido as artes e a Literatura.

Freire, Paulo (1921-1997): Educador brasileiro, foi um dos mais importantes pedagogos do século XX. Mostrou um novo caminho para a relação entre professores e alunos. Suas ideias continuam influenciando educadores em todo o mundo. São palavras-chave para entender seu trabalho: diálogo como princípio, formação da consciência, ação cultural, educação popular e emancipação. Entre suas obras estão *Pedagogia do oprimido* e *Pedagogia da autonomia*.

Freud, Sigmund (1856-1939): Médico neurologista e psiquiatra austríaco, ficou conhecido como o "pai da psicanálise" por seu pioneirismo nos estudos sobre a mente e o inconsciente humanos. Sua obra é objeto de questionamento, mas, inegavelmente, é ainda muito influente.

George VI (1895-1952): Nascido durante o reinado de sua bisavó, a rainha Vitória, Albert Frederick Arthur George assumiu o trono inglês em 1937, às vésperas do início da Segunda Guerra Mundial. Tinha dificuldades para se expressar, por conta de sua notória gagueira, mas apesar disso exerceu firme liderança e declarou guerra aos nazistas.

Hegel, Georg Wilhelm Friedrich (1770-1831): Filósofo alemão muito influente, defendia uma concepção monista, segundo a qual mente e realidade exterior teriam a mesma natureza. Acreditava que a História era regida por leis necessárias e que o mundo constituía um único todo orgânico.

Herculano-Houzel, Suzana (1972): Neurocientista brasileira, tem se dedicado ao trabalho de divulgação científica. Ficou conhecida por questionar a quantidade de neurônios que compõem o cérebro humano, apontando um número inferior ao que se supunha correto.

Heródoto (484 a.C.-425 a.C.): Filósofo grego considerado o "pai da História", registrou em detalhes um grande número de fatos ocorridos em sua época, com o intuito de preservar os conhecimentos obtidos através das experiências coletivas.

Hitler, Adolf (1889-1945): Ditador alemão, foi responsável por um dos maiores genocídios da história. Invadiu a Polônia em 1939, provocando a Segunda Guerra Mundial. Mandou milhões de judeus para campos de concentração e conquistou vários países da Europa. Em abril de 1945, foi derrotado pelas tropas soviéticas e suicidou-se em seu *bunker*.

Hume, David (1711-1776): Filósofo e historiador inglês, conhecido por seu empirismo e ceticismo. Buscava aplicar nas ciências morais a mesma metodologia que recusa qualquer hipótese que não resista à verificação experimental.

Jaeger, Werner (1888-1961): Filólogo e historiador alemão, seus trabalhos tratam da história da Filosofia grega. *Paideia: A formação do homem grego*, sua obra mais importante, com quase mil e quinhentas páginas, traz um estudo sobre os ideais de educação na Grécia antiga.

Lincoln, Abraham (1809-1865): Presidente dos Estados Unidos entre 1861 e 1865, conhecido pelo combate à escravidão e pela forte liderança durante a guerra civil americana, foi assassinado pelo ator e simpatizante confederado John Wilkes Booth.

Lispector, Clarice (1925-1977): Escritora e jornalista nascida na Ucrânia que se fixou no Brasil, em sua obra predominam a introspecção e os conflitos psicológicos. Publicou seu primeiro livro, o romance de caráter existencial *Perto do coração selvagem*, aos 19 anos de idade, surpreendendo a crítica positivamente. É autora ainda de *Laços de família* e *A hora da estrela*, entre outros livros.

Machado de Assis, Joaquim Maria (1839-1908): Carioca de origem humilde, é considerado um dos maiores escritores da língua portuguesa. Suas obras vão de poesias a crônicas, passando por todos os gêneros literários. Fundador da Academia Brasileira de Letras, foi por mais de dez anos seu presidente. Entre seus principais livros estão *Memórias póstumas de Brás Cubas* e *Dom Casmurro*.

Mandelli, Pedro (1952): Sócio-diretor da Mandelli Consultores Associados, é palestrante e professor nas áreas de modelos de organização, processos de mudança, liderança e desenvolvimento de pessoas. Ex-colunista da revista *Você S/A*, é autor de publicações sobre mudança organizacional, inovação, liderança e carreira, entre elas *Vida e carreira: Um equilíbrio possível?*, em parceria com Mario Sergio Cortella.

Maquiavel, Nicolau (1469-1527): Autor de *O príncipe*, estabelece uma separação entre política e ética. Emprega com frequência, em suas obras, os conceitos de *virtù* (virtude), no sentido de eficiência, desconsiderando os meios empregados para se chegar aos fins, e *Fortuna*, isto é, o acaso, as circunstâncias exteriores.

Marco Aurélio (121-180): Foi imperador romano de 161 até a sua morte. É lembrado como um bom governante, que se dedicou à Filosofia, especialmente ao estoicismo, ocupando-se da natureza moral. Deixou a obra *Meditações*, com reflexões sobre justiça e bondade.

Martins, José de Souza (1938): Sociólogo brasileiro, é professor aposentado da Faculdade de Filosofia, Ciências e Letras da Universidade de São Paulo (USP). Autor de vários artigos e livros, recebeu por três vezes o prêmio Jabuti de Ciências Humanas, com as obras *Subúrbio* (1993), *A chegada do estranho* (1994) e *A aparição do demônio na fábrica* (2009).

Marx, Karl (1818-1883): Cientista social, filósofo e revolucionário alemão, participou ativamente de movimentos socialistas. Seus estudos resultaram na obra *O capital*, que exerce até hoje grande influência sobre o pensamento político e social no mundo todo.

Mendelssohn, Felix (1809-1847): Compositor alemão, pianista e maestro, aos 17 anos escreveu a abertura para *Sonho de uma noite de verão*, baseada na obra do escritor inglês William Shakespeare. Anos mais tarde, incluiria nessa composição a "Marcha nupcial", que virou tradição em casamentos. Em 1829, recuperou a obra de outro importante compositor alemão, Johann Sebastian Bach, até então esquecido, regendo em Berlim *Paixão segundo são Mateus*.

Monja Coen (1947): Missionária oficial da tradição Soto Shu do zen-budismo e primaz fundadora da comunidade zen-budista

Zendo Brasil, em São Paulo, orienta diversos grupos no Brasil e participa de atividades públicas promovendo o princípio da não violência ativa e da cultura de paz. Tem vários livros publicados, entre eles *O inferno somos nós*, com Leandro Karnal, e *Nem anjos nem demônios*, com Mario Sergio Cortella.

Monod, Jacques (1910-1976): Bioquímico francês, recebeu o prêmio Nobel de Medicina em 1965 pela descoberta de atividades reguladoras no interior das células. É autor do livro *O acaso e a necessidade*, em que constrói a tese segundo a qual a vida também seria fruto do acaso.

Mozart, Wolfgang Amadeus (1756-1791): Compositor austríaco, desde bem pequeno demonstrou sua aptidão musical, estudando cravo com seu pai, o também músico Leopold Mozart. Começou a compor com seis anos e aos onze já escrevia óperas. Sua obra é uma das mais apreciadas e respeitadas de todos os tempos.

Nassau, Maurício de (1604-1679): Militar alemão, ingressou na carreira a serviço dos Países Baixos em 1618, durante a Guerra dos Trinta Anos, contra a Espanha. Destacou-se em várias campanhas militares, ganhando grande prestígio. Em 1636, aceitou o convite da Companhia das Índias Ocidentais para assumir o governo civil e militar do Brasil holandês, na região de Pernambuco.

Nelson Cavaquinho (1911-1986): Nome artístico de Nelson Antônio da Silva, compositor e sambista carioca, aprendeu a tocar cavaquinho por observação. Ficou conhecido por músicas como "A flor e o espinho" e "Juízo final".

Newton, Isaac (1642-1727): Físico, astrônomo e matemático inglês, suas descobertas causaram grande impacto na ciência. Em sua principal obra, *Princípios matemáticos da filosofia natural*, estão enunciados os princípios da lei da gravitação universal e também as três leis dos corpos em movimento, que formam a base da mecânica clássica.

Nietzsche, Friedrich (1844-1900): Filósofo alemão, elaborou críticas devastadoras sobre as concepções religiosas e éticas da vida, defendendo uma reavaliação de todos os valores humanos. Algumas de suas obras mais conhecidas são *A gaia ciência*, *Assim falou Zaratustra*, *Genealogia da moral* e *Ecce homo*.

Ortega y Gasset, José (1883-1955): Filósofo espanhol, atuou também como jornalista e ativista político, sendo considerado um dos mais importantes ensaístas do século XX. Após concluir sua formação acadêmica em Madri, foi para a Alemanha, onde, inicialmente, deixou-se influenciar pela escola de Marburgo, com forte inclinação pelo idealismo, que ele viria a combater mais tarde. Em 1914, publicou seu primeiro livro, *Meditaciones del Quijote*.

Padre Antônio Vieira (1608-1697): Orador sacro, missionário, político e diplomata português, veio para o Brasil ainda criança, em 1616. Sete anos depois, entrou para a Companhia de Jesus como noviço. Ordenou-se padre em 1635. Defendeu os judeus, os direitos humanos dos povos indígenas e o fim da escravatura. Os *Sermões* são sua mais importante obra, onde discorre sobre temas políticos e também sobre o amor.

Pascal, Blaise (1623-1662): Filósofo, escritor, matemático e físico francês do século XVII, foi o primeiro grande prosador da Literatura francesa. A filosofia apologética criada por Pascal postula que há mais ganho pela suposição da existência de Deus do que pelo ateísmo, e que uma pessoa racional, mesmo que por prudência, deveria pautar sua existência como se Deus existisse.

Pergolesi, Giovanni Battista (1710-1736): Compositor italiano, seus primeiros trabalhos não tiveram grande êxito, mas despertou interesse com o intervalo cômico para uma de suas peças, que depois viria a ser uma obra autônoma, *La serva padrona*. Sua composição para o *Stabat Mater*, hino em honra ao sofrimento de Maria diante da crucificação de Cristo, é uma das mais conhecidas e prestigiadas óperas sacras.

Pessoa, Fernando (1888-1935): Considerado o poeta de língua portuguesa mais importante do século XX, usava diferentes heterônimos para assinar sua obra. Os mais conhecidos são Bernardo Soares, Alberto Caeiro, Álvaro de Campos e Ricardo Reis, cada um com estilo e visão de mundo próprios. Sua única obra publicada em vida foi *Mensagem*, em 1934.

Políbio (c. 200 a.C.-120 a.C.): Historiador grego, testemunhou grandes transformações políticas, da derrocada da civilização grega à ascensão dos romanos, temas que analisou em sua obra.

Pompeu, Cneu (106 a.C.-48 a.C.): Famoso político romano, ambicioso, general de Sila, operou com êxito na África e foi procônsul na Espanha. Personagem de destaque do primeiro século antes da era cristã, atuou para definir as forças que levavam a Roma republicana a se transformar em império.

Pondé, Luiz Felipe (1959): É doutor em Filosofia pela USP e pela Universidade Paris VIII, com pós-doutorado pelas Universidades de Tel Aviv (Israel) e Giessen (Alemanha). Coordenador de curso e vice-diretor da Faculdade de Comunicação e Marketing da Faap, é professor da pós-graduação em Ciências da Religião da PUC-SP. Atua também como professor convidado em universidades do Brasil e do exterior. Tem vários livros publicados, entre eles *O que move as paixões*, em parceria com Clóvis de Barros Filho.

Quintiliano, Marco (c. 35-100): Orador romano, obteve grande reconhecimento como professor. Deixou 12 volumes intitulados *Tratado sobre a oratória*, com conceitos, métodos e exercícios de retórica.

Rainha Cristina (1626-1689): Tornou-se rainha da Suécia aos seis anos, em 1632, após a morte do pai. De família protestante, causou escândalo ao abdicar do trono em 1654 e converter-se ao catolicismo. Culta e inteligente, além de excêntrica para os costumes da época, foi patrona das artes e recebeu a visita de muitos intelectuais.

Ribeiro, João Ubaldo (1941-2014): Professor, jornalista, romancista, cronista e tradutor baiano, foi colaborador de diversos jornais e revistas nacionais e internacionais. Explorava temas relacionados à cultura e aos costumes regionais brasileiros, os quais, como ressaltava a crítica, retomavam literariamente o que havia de melhor em Graciliano Ramos e Guimarães Rosa. Seus romances

A casa dos budas ditosos, *Miséria e grandeza do amor de Benedita* e *Diário do farol* ultrapassaram a marca dos 500 mil exemplares vendidos. Recebeu em 2008 o prêmio Camões, concedido aos grandes autores de língua portuguesa.

Rousseau, Jean-Jacques (1712-1778): Filósofo do século XVIII, foi um dos grandes nomes do Iluminismo francês, conhecido por defender que todos os homens nascem livres. Sua obra abrange uma vasta dimensão de pensamento e de complexidade sobre a natureza humana e as estruturas sociais.

Salgado, Plínio (1895-1975): Escritor, jornalista e político brasileiro, fundou e liderou a Ação Integralista Brasileira, partido conservador nacionalista. É autor dos livros *Vida de Jesus* e *O cavaleiro de Itararé*, entre outros.

Salieri, Antonio (1750-1825): Compositor italiano, deu aulas a outros importantes músicos, como o austríaco Franz Schubert e o alemão Ludwig van Beethoven. Diz a lenda que, por inveja, teria envenenado Mozart, fato nunca comprovado e até mesmo contraditório, já que Salieri tinha na época mais prestígio do que o colega.

Santa Inês (291-304): Mártir da Igreja católica, nasceu em Roma e morreu decapitada aos 13 anos por se recusar a renunciar a Cristo. É considerada símbolo de pureza.

São João (347-407): Arcebispo de Constantinopla, era chamado de crisóstomo, que em grego significa "boca de ouro", por conta de suas habilidades como orador. Foi um dos maiores propagadores da fé cristã.

São Tomás de Aquino (1225-1274): Frade italiano da ordem dominicana, foi um dos mais importantes pensadores da era medieval e influenciou a Teologia e a Filosofia modernas. Em suas sínteses teológicas, discute o cristianismo com base na Filosofia clássica greco-latina, unindo fé e razão.

Saramago, José (1922-2010): Escritor português, teve numerosos trabalhos traduzidos em diversos idiomas. Trabalhou como serralheiro, desenhista, funcionário de saúde e de previdência social, editor, tradutor e jornalista. A partir de 1976, passou a viver apenas de seus trabalhos literários, primeiro como tradutor, depois como autor. Entre seus livros mais aclamados estão *Memorial do convento*, *O Evangelho segundo Jesus Cristo* e *Ensaio sobre a cegueira*. Recebeu diversos prêmios, entre os quais o Nobel da Literatura, em 1998.

Sartre, Jean-Paul (1905-1980): Filósofo e escritor francês, foi um dos principais representantes do existencialismo, com base no princípio de que a existência precede a essência. Romancista, dramaturgo e crítico literário, Sartre conquistou o prêmio Nobel de Literatura, em 1964, mas o recusou. *Crítica da razão dialética*, que sintetiza a filosofia política do autor, *O ser e o nada* e *O muro* são algumas de suas obras mundialmente conhecidas.

Sêneca (c. 4 a.C.-65 d.C.): Filósofo estoico e poeta romano, preocupou-se com a moral prática e individual. Pregava a pobreza e o domínio das paixões, embora tenha levado uma vida de luxo. Recebeu e cumpriu ordem de suicídio após se envolver na conspiração de Pisão, que planejava o assassinato do imperador romano Nero.

Shakespeare, William (1564-1616): Embora seus sonetos sejam até hoje considerados os mais lindos de todos os tempos, foi na dramaturgia que o autor ganhou destaque. Escreveu tragédias, dramas históricos e comédias que continuam marcando o cenário teatral da atualidade. O sucesso de seus textos se deve ao fato de lidarem com temas próprios dos seres humanos: amor, relacionamentos, sentimentos, questões sociais e políticas.

Sócrates (470 a.C.-399 a.C.): Filósofo grego, não deixou obra escrita. Seus ensinamentos são conhecidos por fontes indiretas. Praticava Filosofia pelo método dialético, propondo questões acerca de vários assuntos.

Torelly, Aparício (1895-1971): Jornalista brasileiro, ficou conhecido por seu humor satírico, cravando máximas como: "Este mundo é redondo, mas está ficando muito chato". Durante a revolução de 1930, proclamou-se duque de Itararé, em referência a uma suposta batalha que ocorreria na cidade de mesmo nome, rebaixando-se depois a barão, "como prova de modéstia".

Tucídides (c. 465 a.C.-395 a.C.): Historiador grego da Antiguidade Clássica, relatou alguns dos fatos mais importantes da história ocidental. Escreveu a *História da guerra do Peloponeso*, da qual participou; nessa obra foram coletados discursos de várias personalidades clássicas, dentre eles, o discurso funerário de Péricles.

Van Gogh, Vincent (1853-1890): Pintor holandês, um dos mais celebrados de todos os tempos, foi representante do pós-impressionismo. De temperamento instável e tempestuoso, cortou a própria orelha depois de uma discussão com outro pintor, o francês Paul Gauguin. Suicidou-se pouco tempo depois.

Vieira Pinto, Álvaro (1909-1987): Intelectual brasileiro de formação interdisciplinar, atuou como filósofo, professor e tradutor. Foi chefe do Departamento de Filosofia do Instituto Superior de Estudos Brasileiros (Iseb) e, exilado no Chile, trabalhou no Centro Latino-americano de Demografia (Celade). É autor de vasta produção, em diversos temas, como educação, ciência, demografia e tecnologia.

Voltaire (1694-1778): Pseudônimo do filósofo, ensaísta, deísta, iluminista francês e escritor François Marie Arouet, que ficou conhecido pela defesa das liberdades civis. Polemista satírico, frequentemente usou suas obras para criticar a Igreja católica e as instituições francesas do seu tempo. Suas ideias influenciaram importantes pensadores da Revolução Francesa.

Zeffirelli, Franco (1923-2019): Cineasta italiano, ficou conhecido especialmente por dirigir os filmes *Romeu e Julieta*, de 1968, *Irmão Sol, irmã Lua*, de 1972, e a minissérie *Jesus de Nazaré*, de 1977.

Zweig, Stefan (1881-1942): Escritor austríaco, nascido numa família judia de burgueses, exilou-se no Brasil à época da Segunda Guerra Mundial. Em 1941, publicou *Brasil, um país do futuro*, um elogio ufanista ao país em que escolheu viver, até se matar com sua esposa.

Outros livros dos autores

Mario Sergio Cortella

BASTA DE CIDADANIA OBSCENA!
  com Marcelo Tas

A ERA DA CURADORIA: O QUE IMPORTA É SABER O QUE IMPORTA!
  com Gilberto Dimenstein

ÉTICA E VERGONHA NA CARA!
  com Clóvis de Barros Filho

GERAÇÕES EM EBULIÇÃO: O PASSADO DO FUTURO E O FUTURO DO PASSADO
  com Pedro Bial

LIDERANÇA EM FOCO
  com Eugenio Mussak

NEM ANJOS NEM DEMÔNIOS: A HUMANA ESCOLHA ENTRE VIRTUDES E VÍCIOS
  com Monja Coen

NOS LABIRINTOS DA MORAL
  com Yves de la Taille

POLÍTICA: PARA NÃO SER IDIOTA
   com Renato Janine Ribeiro

SOBRE A ESPERANÇA: DIÁLOGO
   com Frei Betto

VERDADES E MENTIRAS: ÉTICA E DEMOCRACIA NO BRASIL
   com Gilberto Dimenstein, Leandro Karnal e Luiz Felipe Pondé

VIDA E CARREIRA: UM EQUILÍBRIO POSSÍVEL?
   com Pedro Mandelli

VIVEMOS MAIS! VIVEMOS BEM? POR UMA VIDA PLENA
   com Terezinha Azerêdo Rios

Leandro Karnal

FELICIDADE OU MORTE
    com Clóvis de Barros Filho

O INFERNO SOMOS NÓS: DO ÓDIO À CULTURA DE PAZ
    com Monja Coen

VERDADES E MENTIRAS: ÉTICA E DEMOCRACIA NO BRASIL
    com Mario Sergio Cortella, Gilberto Dimenstein e Luiz Felipe Pondé

Especificações técnicas

Fonte: Adobe Garamond Pro 12,5 p
Entrelinha: 18,3 p
Papel (miolo): Off-white 70 g
Papel (capa): Cartão 250 g
Impressão e acabamento: Paym